Dämonen, Hexen, erschreckende Zufälle

Aspekte des Phantastischen im lyrischen Drama des Fin de siècle

von

Silke Erdmann

Tectum Verlag
Marburg 2005

Umschlagabbildung: Johann Heinrich Füssli – Nachtmahr,
1790/1791

Erdmann, Silke:
Dämonen, Hexen, erschreckende Zufälle.
Aspekte des Phantastischen im lyrischen Drama des Fin de siècle.
/ von Silke Erdmann
- Marburg : Tectum Verlag, 2005
ISBN 978-3-8288-8820-3

© Tectum Verlag

Tectum Verlag
Marburg 2005

Inhalt

1 **Vorwort** _____ 7

2 **Theorien der literarischen Phantastik** _____ 9

  2.1 Theoretische Ansätze und Definitionsversuche _____ 9
    2.1.1 Tzvetan Todorov _____ 9
    2.1.2 Andrzej Zgorzelski _____ 11
    2.1.3 Jens Malte Fischer _____ 12
    2.1.4 Winfried Freund _____ 13
  2.2 Die Problematik des Realitätsbegriffes _____ 15

3 **Drama und Phantastisches** _____ 19

  3.1 Das Drama als Rezeptionsform des Phantastischen _____ 21
  3.2 Ansätze zur Vorgehensweise der Untersuchung _____ 24

4 **Aspekte des Phantastischen im lyrischen Drama des Fin de siècle** _____ 27

  4.1 Das lyrische Drama des Fin de siècle _____ 27
  4.2 Phantastisches im lyrischen Drama des Fin de siècle _____ 31
    4.2.1 Maurice Maeterlinck _____ 32
      4.2.1.1 L´Intruse _____ 32
      4.2.1.2 La mort de Tintagiles _____ 44
    4.2.2 Hugo von Hofmannsthal _____ 54
      4.2.2.1 Der Tor und der Tod _____ 54
      4.2.2.2 Der Kaiser und die Hexe _____ 65
  4.3 Phantastisches auf der Bühne _____ 75
    4.3.1 Ein Beispiel: „Kaiser/Hexe" _____ 76

5 **Fazit und Ausblick** _____ 83

6 **Nachwort** _____ 87

7 Anhang ___89
7.1 Primärliteratur ___89
7.2 Sekundärliteratur ___89
7.3 Bildnachweis ___93

Abbildung 1: René Magritte – Das Prinzip der Unischerheit

1 Vorwort

Alles Unbegreifliche, alles, wo wir eine Wirkung ohne eine Ursache wahrnehmen, ist es vorzüglich, was uns mit Schrecken und Grauen erfüllt: - ein Schatten, von dem wir keinen Körper sehen, eine Hand, die aus der Mauer tritt und unverständliche Charaktere an die Wand schreibt, ein unbekanntes Wesen, das plötzlich vor mir steht, und eben so plötzlich wieder verschwindet. Die Seele erstarrt bei diesen fremdartigen Erscheinungen, die allen ihren bisherigen Erfahrungen widersprechen; die Phantasie durchläuft in einer wunderbaren Schnelligkeit tausend und tausend Gegenstände, um endlich die Ursache der unbegreiflichen Wirkung herauszubringen, sie findet keine befriedigende, und kehrt noch ermüdeter zum Gegenstand des Schreckens selbst zurück.[1]

Das Schrecken und Grauen erzeugende Unbegreifliche, welches trotz aller vorstellbaren Erklärungsversuche und viel menschlicher Phantasie keine befriedigende Erklärung findet – das ist es wohl, was der Mensch als phantastisch bezeichnet und was ihm trotz seiner Aufgeklärtheit immer wieder begegnet.

Das Phantastische kann erstaunen oder erschrecken, es ruft Angst hervor oder Verstörung und es kommt leise und unauffällig oder plötzlich und unübersehbar, sei es im Film, in der Werbung, in der Musik, der Malerei[2], auf der Straße oder in einem Buch.

Als Erfahrung des menschlichen Lebens ist das Phantastische auch ein Teil der Literatur, ein Phänomen, das die Möglichkeiten der Wissenschaft allein durch seine Anwesenheit in Frage stellt, denn wie untersucht man etwas, das schon durch seine Definition unerklärlich ist und das nicht mehr existiert, sobald es erklärbar wird? Wie benennt man etwas, das sich auf die subjektiven Gefühle von Angst und Schrecken sowie die eigene bisherige Erfahrung gründet?

Zahlreiche Theoretiker wagen mit Definitionsansätzen und Motivkatalogen, mit Beispielen und Gattungsabgrenzungen die unterschiedlichsten Versuche, um das Phantastische in der Literatur erfassbar zu machen, und beziehen sich dabei hauptsächlich auf epische Literaturformen, die unter Sammelbegriffen wie „Phantastische Geschichten" oder „Phantastische Bibliothek" viele begeisterte Anhänger und mindestens so viele entrüstete Gegner finden. Aber wie ist das bei unbegreiflichen Vorgängen im Drama? Auf der Bühne?

Hier nur einige wenige Beispiele: Shakespeares Dramen sind voll von Hexen, Zauberkünstlern, Geistern, Tiermenschen und anderen unmenschlichen Wesen. Goethes „Faust" konfrontiert mit dem leibhaftigen Teufel. In Tirso de Molinas „Don Juan" redet und bestraft eine steinerne Statue und Yeats „Shadowy Waters" zeigt eine Vermischung von Mensch und Vogel. Elfen, Zauberer, Hexen und Geister finden sich ebenso zahlreich in Dramen wie unerklärliche Momente, auferstandene Tote und erschreckende Zufälle.

Während das Phantastische in epischen Texten mittlerweile Thema eines immer umfangreicher werdenden wissenschaftlichen Diskurses ist, gibt es, trotz der Häufigkeit dieser und ähnlicher Elemente im Drama, kaum Untersuchungen, die

---

1 Ludwig Tieck: Shakespeare's Behandlung des Wunderbaren. S. 29-30
2 vgl. Abb. 1: René Magritte, Das Prinzip der Unsicherheit

sich mit eben diesen auseinandersetzen. Stattdessen wird das Drama entweder unter den weiten Begriff der 'Phantastischen Literatur' subsumiert oder als Rezeptionsform des Phantastischen abgelehnt, weil seine unerklärlichen Elemente niemals die vorausgesetzte Definition des Phantastischen erfüllen.

Trotz aller Theorie und Definition bleibt es jedoch dabei: Hexen, Geister, Elfen, Mischwesen und Teufel sind als personale Ausprägungen ebenso vorhanden wie unbegreifliche und beängstigende Ereignisse. Das Phantastische existiert auch im Drama und soll deshalb in der vorliegenden Arbeit näher betrachtet werden.

Ein erster Schritt widmet sich dabei den Theorien der literarischen Phantastik, von denen eine exemplarische Auswahl zusammen mit der zentralen Problematik des Realitätsbegriffes, der auch für die Betrachtung phantastischer Aspekte im Drama von großer Bedeutung ist, vorgestellt wird.

Die nie endende Diskussion um eine Gattung „Phantastik" kann dabei nicht näher berücksichtigt werden.

In begründeter Abgrenzung zur phantastischen Epik und vor dem Kontext der vorgestellten Theorien entwirft diese Arbeit einen Leitfaden, der sich auf die Grundlage der vielen ideenreichen Ansätze und Theorien der literarischen Phantastik stützt, um eine Darstellung des phantastischen Moments im Drama zu ermöglichen. Auf dieser Grundlage wird schließlich die praktische Umsetzung an jeweils zwei ausgewählten lyrischen Dramen von Maurice Maeterlinck und Hugo von Hofmannsthal vorgeführt, gefolgt von der exemplarischen Betrachtung einer Inszenierung, die mit Blick auf die theatrale Umsetzung des phantastischen Moments die Untersuchung ergänzt.

Die angeführten Beispiele aus der Malerei belegen zusätzlich die Faszination, die Unvorstellbarkeit und die Vielfältigkeit des Phantastischen sowie dessen Abhängigkeit von den Erfahrungen und Vorstellungen des vorherrschenden Weltbildes, der jeweiligen Kultur, des einzelnen Menschen...

Das Phantastische als endloses und unerschlossenes Terrain betrachtend, versteht sich diese Arbeit, die sowohl in der Untersuchung des historischen Zeitraumes als auch in der Betrachtung des künstlerischen Phänomens auf die „Aspekte des Phantastischen im lyrischen Drama des Fin de siècle begrenzt ist, als Modul, das in alle Richtungen weiterführbar ist, und macht auf die Schwierigkeiten und Möglichkeiten, auf die Existenz und Relativität sowie auf den Reiz und das Außergewöhnliche des Phantastischen im Drama aufmerksam.

Um dieses Außergewöhnliche aus wissenschaftlicher Sicht zu erfassen, bedarf es der Bereitschaft, sich selbst verunsichern zu lassen, bereit zu sein für Erschreckendes, Unerklärliches und Beängstigendes, für Spekulation und Subjektivität:

> Risikobereitschaft und Offenheit für das Ungewohnte sind schließlich die ersten Voraussetzungen für die Auseinandersetzung mit dem Gegenstand 'Phantastik', der seine Faszinationskraft eben erst zu entfalten beginnt. Denn was wir allerdings liefern möchten, sind Anstöße zur weiteren Beschäftigung mit der Phantastik in Theorie und Praxis.[3]

---

3   Christian W. Thomsen/Jens Malte Fischer: Phantastik in Literatur und Kunst. S. 7

2 Theorien der literarischen Phantastik

Gewiß, ich kenne diese Theorien sehr gut, denn mich hat die Philosophie der Erzählung immer sehr interessiert, [...]. Aber keine dieser Theorien ist voll befriedigend, und sie erklären das Problem nur zum Teil. Was mich selbst betrifft, ich werde wahrscheinlich nie mitkriegen, warum mich plötzlich [...] das Gefühl von etwas Phantastischem überkommt.[4]

Julio Cortazar benennt mit dieser Aussage die besondere Problematik in der wissenschaftlichen Betrachtung von literarischer Phantastik. Die zahlreichen Versuche, das Phantastische in der Literatur theoretisch erfassbar zu machen, sind durchweg nicht befriedigend, trotzdem geben sie wichtige Anstöße und erzeugen eine Ahnung vom Wesen des Phantastischen, das selbst den Grund für das theoretische Defizit liefert (vgl. 2.2., S. 15-18).
Aus diesem Anlass wird nachfolgend eine exemplarische Auswahl zentraler Theorien zur literarischen Phantastik in kurzer Zusammenfassung vorgestellt.

2.1 Theoretische Ansätze und Definitionsversuche

Während der wissenschaftlichen Auseinandersetzung mit dem Phantastischen ist ein viel zitierter Definitionsversuch in nahezu jeder Darstellung anzutreffen:

> [Das Phantastische] ist das Unmögliche, das unerwartet in einer Welt auftaucht, aus der das Unmögliche per definitionem verbannt worden ist.[5]

Roger Caillois formuliert mit diesem *Riß im universellen Zusammenhang*[6] einen vagen Grundkonsens der vielen unterschiedlichen Ansätze, der sich im Kontrast als notwendige Voraussetzung für das Phantastische findet.
Dieses Gegensätzliche zwischen dem Unmöglichen und den bekannten Welten, Vorstellungen, Wahrnehmungen, Gefühlen etc. zeigt sich auch in den nachfolgenden theoretischen Ansätzen, die versuchen, das phantastische Phänomen literaturwissenschaftlich greifbar zu machen.

2.1.1 Tzvetan Todorov

Während Caillois die wichtigen Unterschiede zwischen Märchen, Science Fiction und dem Phantastischen in einer phänomenologischen Untersuchung, die von einem festgelegten Motivrepertoire des Phantastischen ausgeht, zeigt[7], erweitert und präzisiert Tzvetan Todorov diese Überlegungen durch eine strukturalistische Betrachtungsweise, die Handlungsabläufe und Erzählmuster einer zuvor getroffenen Textauswahl untersucht.
Dem kontrastierenden Einbruch eines unmöglichen Ereignisses in die Ordnung einer bekannten Welt, das sich mit den Gesetzen eben dieser nicht erklären lässt, ordnet er zwei mögliche Lösungen zu.

---

4   J. Bernlef: Gespräch mit Julio Cortazar. S. 151-152
5   Roger Caillois: Das Bild des Phantastischen. S. 46
6   Ebd.
7   vgl. Ebd. S. 44-82

1. Das unmögliche Ereignis ist eine Sinnestäuschung, ein Produkt der Einbildung und die geltenden Weltgesetze bleiben bestehen: Das Werk gehört zur Gattung des Unheimlichen.
2. Das Ereignis ist integrierender Bestandteil der Realität und die Welt wird von unbekannten Gesetzen beherrscht: Das Werk gehört zur Gattung des Wunderbaren.

Damit definiert Todorov die Phantastik als schmale Trennungslinie zwischen den Gattungen des Unheimlichen sowie des Wunderbaren und sieht das Phantastische im Moment dieser Ungewissheit, da eine Entscheidung zwischen den beiden genannten Lösungen zum Betreten eines der benachbarten Genres führt.[8]

Präzisierend erklärt er neben der Ambiguität auch den Faktor der Interpretation zur Bedingung eines phantastischen Textes. Die Haltung des Lesers darf weder allegorisch noch poetisch sein, da beide Lesarten durch eine implizierte Sinnbildlichkeit den kontrastierenden Einbruch des Phantastischen verhindern.

Neben den Gattungskonstituenten Ambiguität und Interpretation benennt Todorov zusätzlich eine dritte Bedingung, die häufig vorkommt, aber nicht zwingend erfüllt sein muss: die Identifikation. Diese weist auf die Verstärkung der Ambiguität beim Leser durch die Identifikation mit einer ebenfalls unschlüssigen handelnden Person im Werk hin.[9]

Mit seinem Ansatz gründet Todorov die Definition und Gattungsbestimmung des Phantastischen durch den Faktor Ambiguität auf die relative, nicht verifizierbare Reaktion des Lesers, den er aufgrund der nicht objektivierbaren Reaktion eines realen Lesers als dem Text implizierten Leser[10] betrachtet und der sich in einem durch Mehrdeutigkeit hervorgerufenen Zustand der Unentschlossenheit befinden muss, was wiederum auf eine zweite Problematik aufmerksam macht: die kurze Lebensdauer.

Die Lokalisierung des Phantastischen in der Ambiguität bedeutet seine zeitliche Eingrenzung, da nur eine geringe Anzahl an Texten die Möglichkeit impliziert, durch die Ambivalenz des Ereignisses die Ambiguität bei Leser und handelnder Person bis zum Ende des Textes und über den Text hinaus aufrecht zu erhalten. Todorov merkt dies folgendermaßen an:

> Wie wir gesehen haben, währt das Phantastische nur so lange wie die Unschlüssigkeit: die gemeinsame Unschlüssigkeit des Lesers und der handelnden Personen, die darüber zu befinden haben, ob das, was sie wahrnehmen, der »Realität« entspricht, wie sie sich in der herrschenden Auffassung darstellt. Am Ende der Geschichte kommt, wo nicht die Person, immerhin der Leser zu einer Entscheidung; er wählt die eine oder andere Lösung und tritt durch eben diesen Akt aus dem Phantastischen heraus.[11]

So können zwar viele Teile eines Textes rein phantastisch sein, aber der ganze Text erreicht dies nur im seltenen Idealfall[12], womit die Phantastik zum zeitlich

---

8 vgl. Tzvetan Todorov: Einführung in die fantastische Literatur. S. 41-42
9 vgl. Ebd. S. 31-32
10 vgl. Ebd. S. 31
11 Ebd. S. 40
12 vgl. Ebd. S.41-42

begrenzten Phänomen erklärt wird, das in Abhängigkeitsbeziehung zwischen der Haltung des Lesers, seiner Unschlüssigkeit und den handelnden Personen sowie den Ereignissen im Text entsteht.
Auch wenn Todorovs strukturalistischer Versuch, das Phantastische als abgrenzbare Gattung zu definieren, eher die Schwierigkeit eines solchen Ansatzes verdeutlicht statt begründet davon zu überzeugen, und seine Definitionsversuche oft in begrifflicher Ungenauigkeit verschwimmen sowie der Einbezug des Lesers ein problematisches Abstraktum ist, bietet dieser doch anregendere Betrachtungen als Ansätze, die die Konstitution der 'Gattung Phantastik' auf stofflicher Ebene suchen[13], und verdeutlicht durch seine Schwächen die Problematik einer Definition und Eingrenzung des Phantastischen (vgl. 2.2., S. 15-18).

2.1.2 Andrzej Zgorzelski

Caillois und Todorov setzen durch ihren Ansatz eines plötzlichen Einbruchs des Unbekannten eine geordnete Welt voraus, die als Kontrastfolie dient und das Unmögliche durch Zerbrechen der festen Ordnung schockieren lässt. Dies impliziert die Abhängigkeit des Phantastischen von einem ihm entgegengesetzten Realitätsbegriff.
Andrzej Zgorzelski macht in der Auseinandersetzung mit phantastischer und realistischer Literatur auf die Wandelbarkeit eines solchen Begriffs im Zusammenhang mit historischen Entwicklungsprozessen und individuellen Erfahrungshorizonten aufmerksam, die nur einen empirischen und niemals objektivierbaren, also rein subjektiven Realitätsbegriff zulassen (vgl. 2.2., S. 15-18).[14]
Um die Analyse der grundsätzlichen Merkmale phantastischer Literatur der Untersuchung subjektiver Ansichten vorzuziehen, unterscheidet Zgorzelski zwischen einer empirischen und einer fiktiven Realität, die trotz oberflächlicher Übereinstimmungen grundsätzlich verschieden sind, und fordert eine Untersuchung phantastischer Literatur, die sich ausschließlich auf die fiktive Welt des unveränderlichen Textes bezieht.[15]
Damit wird Phantastik nicht als Eindringen des Unmöglichen in die empirische Welt, sondern als *Bruch der inneren Gesetze der fiktiven Welt*[16], der nur an der veränderten Reaktion eines Mitglieds eben dieser erkannt werden kann, definiert und in ihrem Bestimmungsversuch durch den vollständigen Ausschluss von Autor und Leser auf rein literarische Merkmale beschränkt.[17]
Die Gesetze dieser entworfenen fiktiven Welt gehen aus Genre-Konventionen hervor, die Veränderungen und Gewöhnungsprozessen unterworfen sind.
Zgorzelski definiert das Phantastische als Übergansphänomen zwischen dem Bruch einer alten und der Veränderung der fiktiven Welt durch eine neue Kon-

---

13 z.B. Louis Vax, Roger Caillois: Beide beziehen den Leser nicht in ihre Überlegungen mit ein und suchen das Phantastische in einem endlichen Motivsystem.
14 vgl. Andrzej Zgorzelski: Zum Verständnis phantastischer Literatur. S. 54-63
15 vgl. Ebd. S. 56
16 Ebd. S. 58
17 vgl. Ebd. S. 59

vention sowie als literarisches Element, das abhängig ist von dem Genre, in dem es auftaucht, und der spezifischen Konvention, die geändert wird.[18]
Diese Definition führt erneut zu einer zeitlichen Eingrenzung des phantastischen Phänomens, die Zgorzelski selbst anmerkt:

> Wenn ein Werk einer festgelegten Konvention zugeordnet werden kann, ist für das Phantastische kein Raum mehr. Das Phantastische, in der engeren Bedeutung des Wortes, tritt nur in den Übergangsstadien in Erscheinung, wenn die alte Konvention noch stark ist und die neuen Elemente erst mühsam die festgelegte Ordnung der fiktiven Welt verändern.[19]

Diese enge Betrachtungsweise basiert auf den Begriffen der empirischen und objektiven Realität, womit die Definition, trotz der Erkenntnis über die Relativität von Realität, auf eben dieser gründet.

Zgorzelskis Versuch, den Autor, der letztendlich die Figuren und deren Reaktionen bestimmt, und den Leser, dem er als Adressat der Erzählung nebenbei doch noch eine Reaktion zugesteht[20], aufgrund von nicht vorhandenen Kategorisierungsmöglichkeiten aus dem Abhängigkeitsgefüge des Phantastischen auszuschließen, überzeugt nicht, da Autor und Leser vor ihrem empirischen Hintergrund die Verbindung zwischen den Ereignissen herstellen, die das Phantastische benötigt, um *Unglauben, Erstaunen, Verwunderung, Verblüffung, Bestürzung oder sogar Entsetzen*[21] hervorzurufen.

2.1.3 Jens Malte Fischer

Tzvetan Todorov erklärt zum Schluss seiner Untersuchung den Tod der Phantastik im 20. Jahrhundert am Beispiel der Erzählung Kafkas „Die Verwandlung", wobei er die Gründe in der Ersetzung des phantastischen Bereichs durch die Psychoanalyse sowie im Verschwinden der Unschlüssigkeit zugunsten einer seltsamen Synthese von Übernatürlichem und Literatur, die keine Identifikation beim Leser mehr zulässt, findet.[22]

Dieser These widerspricht Jens Malte Fischer mit einer sozialhistorischen Betrachtung des Phantastischen, die einen Überblick zur phantastischen Literatur zwischen Décadence und Faschismus gibt. Seine Untersuchung verzichtet, unter Berufung auf die theoretischen Ansätze in den erschienenen „Phaicon"-Bänden[23], auf eine Theoriebildung und versucht stattdessen, Textbeispiele aus dem gewählten Zeitraum von 1890 bis 1940, die er zuvor als phantastisch ausgewählt hat, in ihren geistesgeschichtlichen und literarhistorischen Voraussetzungen zu skizzieren.[24] Grundlage der Betrachtung dieser getroffenen Vorauswahl ist die

---

18 vgl. Andrzej Zgorzelski: Zum Verständnis phantastischer Literatur. S. 58-62
19 Ebd. S. 60
20 vgl. Ebd. S. 58
21 Ebd. S. 58-59
22 vgl. Tzvetan Todorov: Einführung in die fantastische Literatur. S. 150-156
23 Phaicon 1-5. Herausgegeben von Rein A. Zondergeld.
24 vgl. Jens-Malte Fischer: Zwischen Décadence und Faschismus. S. 93-130

zentrale These Fischers von der *[Wieder-]Geburt der Phantastik aus dem Geiste des fin de siècle*.[25]
Diese auffällige Wiederbelebung des Phantastischen in der deutschen Erzählliteratur der Jahrhundertwende begründet er mit der Décadence-Atmosphäre des Fin de siècle, die geprägt ist durch *Theosophie, Okkultismus und Magie*[26] sowie *Satanismus*.[27] Fischer beschreibt das Zeitgefühl der Jahrhundertwende wie folgt:

> Es war ein Gefühl der Verunsicherung durch die permanenten Konjunkturstörungen seit den siebziger Jahren, durch die erheblichen gesellschaftlichen Innenspannungen einer ungeheuer raschen Umwandlung vom Agrarstaat zum Industriestaat und durch die innenpolitischen Krisen, die etwa in der Entlassung Bismarcks 1890 im wilhelminischen Deutschland und durch die Auseinandersetzungen um die Sprachenverordnung Badenis in der KuK-Monarchie 1897 signalisiert wurden. Es war ein Gefühl der Verdrossenheit gegenüber imperialer Kraftentfaltung, nationaler Identifizierung und offizieller Religiosität, das in ein Bedürfnis nach Mystizismus, Nervenkunst, Seelenmikroskopierung, nach Unnatur und Künstlichkeit mündete, mit der man der Widernatur der geistlosen, barbarischen Gegenwart zu entfliehen hoffte.[28]

Fischers fragmentarische und in der Textauswahl nicht theoretisch begründete Untersuchung zeigt vor allem die möglichen Abhängigkeiten des Phantastischen von seinen entwicklungsgeschichtlichen Vorgaben und spricht die Bedeutung des Fin de siècle für das Phantastische in der Literatur des 20. Jahrhunderts an (vgl. 5., S. 84-85).

2.1.4 Winfried Freund

Während Todorov seinen Definitionsansatz auf ein literarisches Beziehungsgefüge zwischen Autor, Text und Leser gründet, Zgorzelski diesen Ansatz auf die fiktive Welt innerhalb des literarischen Textes minimiert und Fischer den theoretischen Aspekt einer Untersuchung des Phantastischen zugunsten seines sozialhistorischen Ansatzes vernachlässigt, versucht Winfried Freund seinen zuerst literarischen Blickwinkel durch sozialhistorische Aspekte zu erweitern.
Er bezeichnet den Begriff des Phantastischen als einen Stilbegriff, dem von den etablierten Stilformen das Groteske am nächsten steht. Die Besonderheit des Phantastischen sieht Freund ebenfalls im Gegensätzlichen:[29]

> Im Unterschied zum Grotesken verwirklicht sich das Phantastische nicht im Nebeneinander, sondern im Gegeneinander. Reales und Irreales kollidieren miteinander. Das gänzlich Unerwartete bricht ein in eine vertraute empirische Welt und ruft Irritationen und Angst hervor, weil die herrschende Orientierung mit einem Male versagt.[30]

Mit dieser Definition des Phantastischen bleibt Freund dem vagen Grundkonsens (vgl. Zitat 5, S. 9) im wissenschaftlichen Diskurs über das Phantastische treu und

---

25 vgl. Ebd. S. 94
26 Jens-Malte Fischer: Zwischen Décadence und Faschismus. S. 98
27 Ebd.
28 Ebd. S. 95
29 vgl. Winfried Freund: Einführung in die phantastische Literatur. S. 75
30 Ebd.

2. Theorien der literarischen Phantastik

unterteilt es mit Blick auf das immer größere Interesse an Grusel- und Horroreffekten in seriöse und triviale Phantastik, wobei nur die seriöse Phantastik sich *an das gegenständliche, die konkrete Lebenswirklichkeit widerspiegelnde Bewußtsein wendet und, auf die Schadstellen hinweisend, zur Veränderung aufruft, [...]*.[31] Dabei gliedert er das *irreale Moment*[32] in personale oder ereignishafte Strukturen, deren Auftreten sich im sozialhistorischen Kontext verändert haben. Während personale Strukturen in Form von monströsen Ausprägungen wie z.B. Vampire, Werwölfe, Hexen, mythische Wesen, Dämonen bis ins 19. Jahrhundert häufig vorkommen und in einigen Fällen ein allgemeingültiges Aussehen erlangt haben (vgl. Abb. Titelbild, S. 6 und Abb. 2, S. 13), scheinen diese Personalisierungen im 20. Jahrhundert fast vollständig den ereignishaften Strukturen des irrealen Moments zu weichen.[33]

Den Grund sieht Freund in den *dominierenden ökonomischen, technischen, politischen und administrativen Lebensbereichen*[34] des 20. Jahrhunderts, in denen eine Irritation durch Monster und Hexen eher lächerlich als ängstigend wirken würde. Freund fasst die theoretische Grundlage für seinen sozialhistorischen Ansatz pointiert zusammen:

> Das Phantastische [...] konfrontiert die reale alltägliche Wirklichkeit mit dem alle empirische Erwartung übersteigenden Irrealen, das sich sowohl personal als auch ereignishaft realisieren kann, und entlarvt auf diesem Wege die vertrauten Orientierungen als Scheinsicherungen. An die Stelle der Orientierung tritt die Desorientierung, an die Stelle der Sekurität die Angst. Die Angst aber ist ein starker emotionaler Appell an das Bewußtsein des Lesers, angesichts der offenbaren existentiellen Bedrohungen nach besseren existenzsichernden Lösungen Ausschau zu halten.[35]

In dieser appellierenden Funktion des Phantastischen sieht Freund dessen Zusammenhang mit sozialhistorischen Entwicklungen, denn *phantastische Literatur setzt das Bewußtsein eines tiefgreifenden literarischen Umbruchs voraus*[36] und kompensiert das angestaute Aggressionspotential, um es verändernd gegen die herrschenden Strukturen zu wenden.[37] Das Phantastische erhält eine gesellschaftliche Funktion.

Besonders Freunds Ausführungen zum 19. und 20. Jahrhundert erscheinen für diese Untersuchung interessant.

Er schildert die Entstehung einer ersten Welle phantastischer Angstliteratur in Deutschland zum Ende des 18. Jahrhunderts und deren Auslaufen mit der Stärkung des bürgerlichen Selbstbewusstseins während der ersten Industrialisierungsphase zwischen 1835 und 1873.[38] Eine zweite Welle entsteht nach der Jahr-

---

31   vgl. Winfried Freund: Einführung in die phantastische Literatur. S. 77
32   Ebd. S. 75
33   vgl. Ebd.
34   Ebd. S. 76
35   Ebd. S.77
36   Ebd. S. 78
37   vgl. Winfried Freund: Von der Aggression zur Angst. S. 16
38   vgl. Winfried Freund: Einführung in die phantastische Literatur. S. 79-81

hundertwende, begründet in der schnellen Umwandlung Deutschlands vom Agrar- zum Industriestaat (vgl. 2.1.3., S. 12-13). Freund beschreibt in seinen Ausführungen das sozialhistorische Umfeld nach der Jahrhundertwende folgendermaßen:

> Die ökonomisch–materialistischen Normen aus dem Geiste der Gründerzeit und das Reglement des preußischen Beamtenstaates wurden zumindest von den Intellektuellen als ungeistig, verflachend und im Grunde genommen inhuman empfunden. In einer Zeit atemberaubender, vom Kapital getragener wirtschaftlicher Konjunktur, in der alles und jedes nach Geld und Geldeswert bemessen wurde, mußte notwendig die humane Identität Schaden leiden.[39]

Dieser sozialhistorische Ansatz erscheint durch den Verbindungsversuch von Textbetrachtung und historischen Fakten sinnvoller als der theorielose Versuch Fischers, argumentiert jedoch wie die bereits beschriebenen Ansätze ebenfalls auf der Basis der vorausgesetzten Ordnung einer empirischen Realität, die sich jeder eindeutigen Definition entzieht (vgl. 2.2., S. 15-18).

2.2 Die Problematik des Realitätsbegriffes

Obwohl es sich bei den vorgestellten Ansätzen nur um einen kleinen Ausschnitt aus den vielen Betrachtungen zur phantastischen Literatur handelt, verdeutlichen sie doch den zu Anfang genannten vagen Grundkonsens in der Definition des Phantastischen (vgl. 2.1., S. 9) und die vielen unterschiedlichen Theorien, die sich auf diesen gründen.

Dabei mussten zahlreiche Aspekte mit Blick auf das zentrale Thema und den Umfang der vorliegenden Arbeit unberücksichtigt bleiben: so z.B. die immer wieder auftauchende Diskussion über die Existenz einer 'Gattung Phantastik' einhergehend mit den genau definierten Abgrenzungen von 'benachbarten' Gattungen, Stilformen etc.[40], die Beurteilung der Funktion des Phantastischen, die von reaktionär bis kritisch-konstruktiv reicht[41] sowie der psychoanalytische Aspekt, der aus literaturwissenschaftlicher Sicht eher mit Vorsicht zu betrachten ist.[42] Trotzdem verdeutlichen die vorgestellten Ansätze einer Definition und Gattungsbestimmung des Phantastischen eindrücklich die grundsätzliche Problematik in der Auseinandersetzung mit dem phantastischen Phänomen in der Literatur, die in der Abhängigkeit des phantastischen Gefüges von ihm entgegengesetzten Korrelationsbegriffen begründet liegt.[43]

Das Phantastische benötigt eine vorausgesetzte Ordnung, um Unordnung stiften zu können, es benötigt das Gefühl von Sicherheit für die Erzeugung von Angst und es erscheint nur unmöglich vor einem vorausgesetzten Wissen um das Mögliche. Die vorgestellten Ansätze zeigen, dass dem Irrealen unerlässlich etwas

---

39 Winfried Freund: Einführung in die phantastische Literatur. S. 81
40 besonders bei z.B. Louis Vax, Roger Caillios, Tzvetan Todorov, Andrzej Zgorzelski
41 besonders bei z.B. Lars Gustafsson und Winfried Freund
42 besonders bei z.B. Sigmund Freud, Claudius Weil, Georg Seeßlen
43 vgl. Monika Schmitz-Emans: Phantastische Literatur: Ein denkwürdiger Problemfall. S. 62

2. Theorien der literarischen Phantastik

Abbildung 2: Odilon Redon – Der Zyklop

Reales gegenüber steht, das es kontrastiert, so dass der Begriff der Realität zentral in der Betrachtung sich bedingender Abhängigkeiten des Phantastischen ist. Die Definition dieses Begriffs ist jedoch nicht eindeutig, denn das Empfinden von Realem und Irrealem ist subjektiv und differiert bei jedem der, in dem was als Realität begriffen wird, lebenden Individuen.

Marianne Wünsch verdeutlicht die kulturelle und historische Problematik eines Realitätsbegriffes:

> Denn ohne uns auf philosophische Erörterungen über „Realität" einlassen zu wollen und zu müssen, liegt sofort auf der Hand, daß z.B. Prädikate wie „mimetisch" bzw. nicht-„mimetisch" sich nicht auf einen Begriff einer „absoluten und objektiven Realität" beziehen können, sondern sich nur auf die epochenspezifischen Vorstellungen von „Realität" beziehen lassen, die ihrerseits also eine historische Variable sind, [...]. Wo eine Epoche an Geister, Hexen, Werwölfe, Vampire usw. glaubt, kann ein Text, in dem ein solches Phänomen auftritt, sagen wir also z.B. ein Drama Shakespeares oder Gryphius`, durchaus als „mimetisch" gelten, wenn er die sonstigen poetologischen Vorschriften, die dieses Prädikat in seiner Epoche impliziert, erfüllt; wo die Epoche solche Glaubensstärke nicht hat, wird ein solcher Text hingegen notwendig als nicht-„mimetisch" rezipiert.[44]

Wünsch bezeichnet den Realitätsbegriff damit als die *Historizitätsvariable*[45] in der Untersuchung des Phantastischen und definiert ihn als

> Teilmenge des kulturellen Wissens [...], die die Gesamtheit aller Gesetzmäßigkeitsannahmen über die „Realität" umfaßt, die bewußt oder nicht bewußt, explizit oder implizit, intuitiv oder theoretisch begründet, in wissenschaftlicher oder nichtwissenschaftlicher Form gemacht werden, [...][46]

Innerhalb dieser Teilmenge findet sich eine Hierarchie der *Gesetzmäßigkeitsannahmen*[47], wobei die wichtigsten als *fundamental-ontologische Basispostulate*[48] wiederum unterteilbar sind in drei Klassen: *formale, theologische, naturphilosophische bzw. naturwissenschaftliche Basispostulate.*[49]

Mit Hilfe dieser Präzisierungen versucht Wünsch die `Historizitätsvariable Realität´ wissenschaftlich fassbar zu machen, indem sie den Realitätsbegriff als eine Ansammlung von Realitäten betrachtet, die je nach Wichtigkeit und Verbreitung zu einem Grundkonsens über Realität führen.

Aber auch bei einer solchen Betrachtungsweise kann die Problematik des Realitätsbegriffs nicht befriedigend gelöst werden, denn bereits bei dem Versuch, die Basispostulate für eine eingegrenzte *Gruppe*[50] zu benennen, wird dieser den individuellen Erfahrungshorizonten jedes Einzelnen in allen Lebensbereichen kaum

---

44 Wünsch, Marianne: Die fantastische Literatur der frühen Moderne. S. 17-18: Wünsch nutzt die von Todorov gebrauchten Begriffe »mimetisch« und »nicht-mimetisch« um an ihnen die Problematik des Realitätsbegriffes zu erläutern, hält sie jedoch als Differenzierungskriterium für ungeeignet.
45 Ebd. S. 18
46 Ebd. S. 19
47 Ebd. S. 17-18
48 Ebd. S. 21
49 Ebd. S. 20-21
50 Ebd. S. 19

gerecht. Wie erst soll dies bei der Festlegung von Basispostulaten für eine ganze *Epoche*[51] oder eine ganze *Kultur*[52] aussehen?
Erneut wird der Zwiespalt deutlich, in dem sich der wissenschaftliche Betrachter von phantastischer Literatur befindet: Der Realitätsbegriff ist für die Entstehung des Phantastischen unerlässlich, aber trotz der immer enger werdenden Umkreisungen bleibt eine definitorische Eindeutigkeit dieses Begriffes sowie aller Begriffe, die sich in Abgrenzung zu ihm definieren, unmöglich, denn das Phantastische verlässt den Konsens der gemeinsamen Erfahrungen[53], es wirkt individuell und indem es in den jeweiligen persönlichen Vorstellungen von Wirklichkeit nicht existiert, nähert es sich dem Unbenennbaren, Begrifflosen, Undenkbaren:

> Das Gebiet der phantastischen Literatur ist ein gefährdetes Terrain. Auf ihm geht es nicht nur um etwas, das es nicht gibt, was strukturell schließlich jede Literatur kennzeichnet, sondern um etwas, was es nicht geben kann. Jeder Text, der nicht allein die Ebene der gemeinsamen Erfahrung, sondern auch die des Menschenmöglichen verläßt, ist eine Bedrohung: für sich selbst, weil er sich dem Unsagbaren annähert, für den Leser, weil er ihn mit dem Undenkbaren konfrontiert.[54]

---

51 Ebd.
52 Ebd.
53 vgl. Stephan Berg: Schlimme Zeiten, böse Räume. S. 27
54 Ebd.

3 Drama und Phantastisches

Auf der Suche nach wissenschaftlichen Schriften, die das Drama im Hinblick auf seine enthaltenen phantastischen Elemente und seine grundsätzliche Beziehung zum Phantastischen betrachten, findet sich erstaunlicherweise ein großer zeitlicher Leerraum.
1767 setzt sich Lessing in seiner „Hamburgischen Dramaturgie"[55] noch mit der Wirkung von Geisterdarstellungen auf ein aufgeklärtes Theaterpublikum auseinander und Gottsched fordert 1751 in seinem „Versuch einer Critischen Dichtkunst"[56] die Verdrängung des Wunderbaren von der Bühne.[57] Ludwig Tieck beschäftigt sich 1793 in der Betrachtung von „Shakespeare's Behandlung des Wunderbaren"[58] mit den Gespenstererscheinungen in „Hamlet" und unterscheidet in Bezug auf die zeitweise Aufhebung der Naturgesetze die *bezauberte Welt*[59] als natürliche und das *Erschreckende*[60] als verstörende Variante – eine Unterscheidung, die an Todorovs fast zwei Jahrhunderte später entwickelte Abgrenzung vom Wunderbaren erinnert.[61]
Nachdem jedoch die personalen Ausprägungen des Phantastischen vollständig von der Bühne des naturalistischen Theaters verdrängt sind, sucht man fast vergeblich nach grundlegenden Untersuchungen zum Phantastischen im Drama des ausgehenden 19. sowie im modernen Drama des 20. Jahrhunderts, also in dem Zeitraum, den Fischer als Basis für die Wiederentstehung (vgl. 2.1.3., S. 12-13) und Freund als zweite Welle des Phantastischen bezeichnet (vgl. 2.1.4., S. 14).
Die vorgestellten theoretischen Ansätze beziehen sich ausschließlich auf erzählende Literatur und der Einbezug des Dramas in den aktuellen wissenschaftlichen Diskurs, dessen Vertreter gern den allgemeinen Begriff Literatur verwenden, findet sich nur in einigen Randbemerkungen, in denen keine einheitliche Meinung zu beobachten ist.
So sehen Christian W. Thomsen und Jens-Malte Fischer im Vorwort zu ihrer Aufsatzsammlung „Phantastik in Kunst und Literatur" die Phantastik als grenzüberschreitendes Phänomen auch in den Gebieten *Architektur, Film, Musik und Werbung*[62] beheimatet, anscheinend aber nicht im Theater.[63] Dieter Penning äußert sich dagegen umso präziser, während er die Transgression als Grundfunktion des Phantastischen festlegt:

> Diese Transgression kann nur narrativ entfaltet werden, ein Grund dafür, daß wir von erzählenden Gattungen reden und nicht auch von Drama oder Lyrik. Denn bei der Lyrik entfällt die für Phantastik so entscheidende Subjekt-Objekt-Differenz. [...]

---

55 vgl. Gotthold Ephraim Lessing: Hamburgische Dramaturgie. 11. Stück. S. 62-64
56 vgl. Johann Christoph Gottsched: Versuch einer Critischen Dichtkunst. S. 184-185
57 vgl. Ludwig Stockinger: „Wunderliche Fantasie". S. 120-121
58 vgl. Ludwig Tieck: Shakespeare's Behandlung des Wunderbaren. S. 1-38
59 Ebd. S. 8
60 Ebd. S. 28
61 vgl. Tzvetan Todorov: Einführung in die phantastische Literatur. S. 49-54
62 Christian W. Thomsen/Jens-Malte Fischer: Phantastik in Literatur und Kunst. S. 4
63 vgl. Ebd.

3. Drama und Phantastisches

Dem Drama dagegen ist vor allem ein ideeller Nexus eigen, die realistische Darstellung, die wir als Voraussetzung für Phantastik herausgearbeitet haben, ist hier nur sekundär.[64]

Während Penning die Unmöglichkeit von Phantastik im Drama auf der Grundlage eines primär ideellen Nexus' pauschalisiert, sieht Uwe Durst das Fehlen von 'phantastischen Dramen' in ihrer Vermittlungsform begründet:

> Ebenso fehlt es nahezu gänzlich an Beispielen für phantastische Dramen, ein Umstand, dessen Erklärung wohl in der Vermittlungsform der Gattung zu suchen ist.[65]

Marianne Wünsch bezieht dagegen das Drama in ihre Untersuchungen zu phantastischer Literatur wie selbstverständlich mit ein:

> Signifikant ist Hauptmanns Drama „Und Pippa tanzt" (1906): im ersten Akt haben wir ein naturalistisches Drama, das ein ausweglos soziales Milieu mit Defizienz von „Leben" entwirft, im zweiten Akt setzt durch die Einbeziehung mythischer Elemente der Übergang vom naturalistischen zum nicht-naturalistischen Drama ein, der im dritten und vierten Akt realisiert ist, in denen es primär um die, wenn auch nicht gelingenden, Aus- und Aufbruchsversuche zu „Leben" und „Selbstverwirklichung" geht. Diese Struktur des Literatursystems [...].[66]

Auf die Problematik einer verallgemeinernden Theorie zum weit gefassten Begriff der phantastischen Literatur macht Monika Schmitz-Emans aufmerksam:

> Mit jener Notwendigkeit imaginärer Referenzbereiche erklärt sich wohl auch die Affinität des „Phantastischen" zu den epischen Genres der Erzählung und des Romans. Von „phantastischer Lyrik" und „phantastischer Dramatik" zu sprechen, würde einen gänzlich anderen Umgang mit dem Wort „Phantastik" voraussetzen.[67]

Auch Dietrich Wachler merkt die Existenz der Phantastik in den unterschiedlichsten Bereichen an, ohne auf eine nähere Unterscheidung einzugehen:

> Da es jedoch die Phantastik als Roman, als Erzählung, als Drama, als Gedicht und – heute müssen wir hinzufügen – auch als Film, Hörspiel und überhaupt in den modernen Massenmedien wirklich gibt [...].[68]

Diese Aufzählung ließe sich noch zahlreich fortsetzen, ohne dass ein Konsens über Phantastisches im Drama aufzufinden wäre. Ein Zustand, der erstaunt, denn ebenso wie Hexen, Geister und Teufel als personale Strukturen in Dramen bis zu Beginn des 19. Jahrhunderts zahlreich vertreten sind, finden sich im modernen Drama des 20. Jahrhunderts irreale Momente, die phantastisch erscheinen. So sagt z.B. Vladimir in Botho Strauß' „Die Hypochonder":

> Ich sitze auf der Veranda, eingehüllt in Decken, und lese sorgfältig. Als ich zur Entspannung einmal weit umherblicke, über den Gartenzaun hinweg, sehe ich dort einen Mann auf der Straße gehen. Ja. Aber kaum hat mein Auge ihn erfaßt, schlägt er

---

64 Dieter Penning: Die Ordnung der Unordnung. S. 45-46
65 Uwe Durst: Theorie der phantastischen Literatur. S. 14
66 Marianne Wünsch: Die fantastische Literatur der frühen Moderne. S. 250
67 Monika Schmitz-Emans: Phantastische Literatur: Ein denkwürdiger Problemfall. S. 86
68 Wachler, Dietrich: Die Wirklichkeit des Phantoms. S. 348

zu Boden. Ich erschrecke und sehe ängstlich in das Buch zurück. Dort aber - zu meiner noch größeren Bestürzung - lese ich gerade das, was mir zur gleichen Zeit wirklich widerfährt.[69]

Aber nicht nur als episches Element finden sich irreale Momente im Drama. In Wedekinds „Frühlingserwachen" stapft Moritz Stiefel *seinen Kopf unter dem Arm [...] über die Gräber her*[70] und in Dorsts „Merlin oder Das wüste Land" mischt sich der Satan mal als Kapitalist und mal als Kavalier in die vom Zauberer Merlin gegründete neue und friedvolle Weltordnung, die der irrenden Menschheit eine neue Orientierung geben soll.[71]

In Sarah Kanes „Cleansed" tanzt Grace mit ihrem angeblich toten, laut Regieanweisung auf der Bühne anwesenden Bruder und macht diesen Umstand zum Thema des Dialogs:

Grace: They burned your body.
Graham: I'm here. I went away but now I'm back and nothing else matters.[72]

Diese vermutlich endlos fortführbare Liste von irrealen Momenten, die sich keiner einheitlichen dramatischen Kategorie zuordnen lassen, ist der Grund für die vorliegenden Arbeit, deren Ziel es ist, einige der vielen Aspekte des Phantastischen im Drama anzusprechen.

3.1 Das Drama als Rezeptionsform des Phantastischen

Dem erzählenden Dichter wird es ungleich leichter, den Leser in eine übernatürliche Welt zu versetzen: Schilderungen, poetische Beschreibungen stehen ihm zu Gebot, wodurch er die Seele zum Wunderbaren vorbereitet; man sieht die Erscheinungen erst durch das Auge des Dichters, und der Täuschung widersetzen sich nicht so viele Schwierigkeiten, da sie auch nie so lebhaft werden kann, als die Täuschung des Dramas werden soll. Man glaubt dem epischen Dichter gleichsam auf sein Wort, wenn er nur einige Kunst anwendet, seine wunderbare Welt wahrscheinlich zu machen; aber im Schauspiele sieht der Zuschauer selbst; der Schleier, der ihn von den Begebenheiten trennt, ist niedergefallen, und er verlangt daher hier auch eine größere Wahrscheinlichkeit.[73]

Ludwig Tieck veranschaulicht in seiner Betrachtung von Übernatürlichem in den Werken Shakespeares die Unterschiedlichkeit von Epik und Dramatik als Rezeptionsformen des Unerklärlichen. Aufgrund dieser Unterschiedlichkeit erscheint es vor der Untersuchung phantastischer Aspekte im Drama sinnvoll, die wichtigsten Unterschiede zwischen narrativen und dramatischen Texten in einer kurzen Übersicht zu verdeutlichen, die eine getrennte Betrachtung von `Phantastischer Epik´ und `Phantastischer Dramatik´ (vgl. Zitat 67, S. 20) rechtfertigt. Selbstverständ-

---

69 Botho Strauß: Die Hypochonder. S. 20
70 Frank Wedekind: Frühlingserwachen. 3. Akt, 7. Szene, S. 64
71 vgl. Tankred Dorst: Merlin oder Das wüste Land.
72 Sarah Kane: Cleansed. S. 14
73 Ludwig Tieck: Shakespeare's Behandlung des Wunderbaren. S. 6

3. Drama und Phantastisches

lich handelt es sich bei der folgenden Darstellung[74] um eine grundsätzliche und allgemeine, in der die vielfach vorhandene Vermischung von Epik, Lyrik und Dramatik vorerst nicht berücksichtigt werden soll.
Ein erster wichtiger Unterschied findet sich in den Kommunikationsmodellen der beiden literarischen Formen. Während narrative Texte ihre Figuren durch eine unterschiedlich konkretisierte Erzählerfigur vermitteln, werden sie im dramatischen Text unmittelbar dialogisch dargestellt. Das vermittelnde Kommunikationssystem entfällt und das fehlende kommunikative Potential wird von außersprachlichen Funktionen kompensiert.[75] Mit diesem Fehlen der Erzählebene entfällt für den Leser ein Unsicherheitsfaktor und für den Autor ein Medium der Beeinflussung. Bereits Todorov macht auf die wichtige Funktion des Erzählers aufmerksam, indem er den nicht-repräsentierten Erzähler, der keine Möglichkeit zum Zweifel gibt, und den repräsentierten Erzähler, der dem Phantastischen entspricht, unterscheidet.[76]
In der Erzählung „The black cat" von Edgar Allan Poe trifft der Leser auf einen repräsentierten Ich-Erzähler, der in seiner Glaubwürdigkeit extrem zweifelhaft ist und den Leser bei seinem Einschätzungsversuch zwischen Wahnsinn, innerer Verdrängung, rettendem Schuldbekenntnis und verschönernder Reue schwanken lässt, während der vermutlich alkoholabhängige Erzähler in der Todeszelle auf sein Ende wartet.[77] Diese beeinflussende, Zweifel erzeugende Instanz entfällt im Drama, so dass die Möglichkeit zur Unschlüssigkeit nur auf anderen Wegen geboten werden kann.
Auch auf die Raum- und Zeitstruktur des dramatischen Textes hat das Fehlen des vermittelnden Kommunikationssystems Auswirkung, denn während sich in narrativen Texten die Zeitebene des Erzählten und die Zeitebene des Erzählens überlagern, wodurch das Erzählte in die Vergangenheit rückt, ist das Drama durch die vorgegebene räumliche und zeitliche Kontinuität der Handlung gegenwärtig.[78] Dies bedeutet jedoch keine Minimierung der Historizitätsvariable (vgl. 2.2., S. 15-18), denn die Gegenwärtigkeit des Dramas hat keinen Einfluss auf die Übereinstimmung von der in der Handlung dargestellten und der vom Zuschauer akzeptierten Weltordnung.
Das Fehlen der vermittelnden Instanz und die Gegenwärtigkeit des Dramas zeigen sich auch in seiner Ausdrucksform. Während in narrativen Texten der Dialog als ein mögliches Gestaltungsmittel unter vielen genutzt wird, ist er im Drama der grundlegende Darstellungsmodus der Handlung[79] und wird ergänzt durch außersprachliche (z.B. akustische und optische) Codes.

---

74 Die zusammenfassende Darstellung stützt sich auf die genauen Untersuchungen von Manfred Pfister: Das Drama.
75 vgl. Manfred Pfister: Das Drama. S. 20-21
76 vgl. Tzvetan Todorov: Einführung in die fantastische Literatur. S. 76
77 vgl. Edgar Allan Poe: The black cat.
78 vgl. Manfred Pfister: Das Drama. S. 22-23
79 Im Hinblick auf das Thema der Untersuchung, sei noch einmal darauf hingewiesen, dass Sonderformen in dieser allgemeinen und groben Auflistung von Unterschieden vorerst nicht berücksichtigt werden (vgl. 4.1., S. 25-28).

3. Drama und Phantastisches

Im Gegensatz zu rein literarischen Texten ist das Drama in seiner Präsentation synästhetisch.[80] Eine Betrachtung des Phantastischen im Drama muss demnach nicht nur den literarischen Text, sondern auch die außersprachliche Umsetzung des Irrealen untersuchen.
Das Fehlen der erzählenden Instanz und die Gegenwärtigkeit des Dramas implizieren den von Tieck verbildlichten (vgl. Zitat 73, S. 21), wichtigen Unterschied zwischen Epik und Dramatik als Rezeptionsformen des Phantastischen, der Schwierigkeit und Möglichkeit zugleich ist:

> [...] im Schauspiele sieht der Zuschauer selbst; der Schleier, der ihn von den Begebenheiten trennt, ist niedergefallen, und er verlangt daher hier auch eine größere Wahrscheinlichkeit.[81]

Das Phantastische auf der Bühne wird somit zur Gradwanderung zwischen der Nutzung aller synästhetischen Möglichkeiten des Dramas zur möglichst wahrscheinlichen Darstellung des Irrealen und der überzogenen Darstellung, die ins Übertriebene, Lächerliche und somit Unglaubwürdige abrutscht.
In seiner Bestimmung zum szenisch realisierten Text liegt ein weiterer wichtiger Unterschied für eine Untersuchung des Phantastischen im Drama, denn im Gegensatz zum narrativen Text, der normalerweise schriftlich fixiert und somit historisch weitgehend konstant ist, findet sich der dramatische Text immer auf zwei Ebenen: Einerseits auf der Ebene des fixierten dramatischen Textes, der das Textsubstrat in Form von Haupt- und Nebentext enthält, und andererseits auf der szenischen Ebene, die eine sich von Inszenierung zu Inszenierung ändernde Variable ist. Pfister verdeutlicht dies:

> Aus dieser Mehrschichtigkeit des dramatischen Textes ergeben sich in seiner Wirkungsgeschichte zwei oft stark divergierende Stränge: die rein literarischen Interpretationen des sprachlich fixierten Textsubstrats und die Reihe seiner Bühnenrealisierung.[82]

Die Untersuchung phantastischer Aspekte im (Regie-) Theater impliziert somit die Betrachtung des irrealen Moments auf der Ebene der dramatischen Textvorgabe und auf der Ebene seiner szenischen Umsetzung, soweit dies durch eine aktuelle oder die Aufzeichnung zurückliegender Inszenierungen möglich ist.
Ein weiterer Unterschied findet sich in der Rezeption von narrativen und dramatischen Texten. Narrative Texte benötigen in der Regel kein Kollektiv in der Produktion und Rezeption, denn obwohl sie auch in Gruppen rezipiert werden, sind Romane, Erzählungen etc. meist 'Einzelvergnügen'.
Das Drama in seiner szenischen Realisation impliziert im heutigen Theaterwesen eine kollektive Produktion sowie eine kollektive Rezeption.[83] Besonders die Kollektivität in der Rezeption, die sich auf eine begrenzte und nachweisbare

---

80 vgl. Manfred Pfister: Das Drama. S. 24-25
81 Ludwig Tieck: Shakespeare's Behandlung des Wunderbaren. S. 6
82 Manfred Pfister: Das Drama. S. 25
83 vgl. Ebd. S. 29

Gruppe bezieht, bietet einer Untersuchung des Phantastischen, im Hinblick auf den individuellen Rezipienten und seine Vorstellung von Realität, umständliche, aber interessante Ansätze (vgl. 5, S. 85).

Trotz dieser Zusammenfassung der wichtigsten Unterschiede, die die Schwierigkeit einer pauschalisierenden Untersuchung von 'phantastischer Literatur' zeigen und eine getrennte Betrachtung in den einzelnen literarischen Vermittlungsformen begründen, bleibt das Phantastische auch im Drama abhängig von einem ihm entgegengesetzten Begriff von Wirklichkeit bzw. einer relativen, nicht messbaren Größe: dem Rezipienten.

Ebenso wie der wissenschaftliche Diskurs in der Definition des Phantastischen und der Gattungsbestimmung einer Phantastik in der Epik an dem zentralen Begriff der Realität scheitert, wird auch die Untersuchung des Dramas keine Phantastik-Definition und keine neue dramatische Form hervorbringen, da sich die zu untersuchenden Aspekte des Phantastischen auf einen individuellen Realitätsbegriff gründen, der sich der wissenschaftlichen Kategorisierung und Benennbarkeit entzieht. Deswegen bleibt es dabei:

> Risikobereitschaft und Offenheit für das Ungewohnte sind schließlich die ersten Voraussetzungen für die Auseinandersetzung mit dem Gegenstand 'Phantastik', der seine Faszinationskraft eben erst zu entfalten beginnt.[84]

3.2 Ansätze zur Vorgehensweise der Untersuchung

Im Folgenden wird versucht, auf der Grundlage der bisherigen Darstellungen und Überlegungen einen 'Leitfaden' für die anschließende Untersuchung der Dramen zu entwerfen. Wie bei jeder wissenschaftlichen Betrachtung setzt dies die Definition eines zu untersuchenden Gegenstandes und eine entsprechende Textauswahl voraus. Im Kontext der bisherigen Ausführungen erscheint es nicht verwunderlich, dass hier die erste Problematik liegt, denn der zu untersuchende Gegenstand ist das phantastische Moment im Drama – ein Gegenstand, der sich jeder genauen Definition entzieht, da sich weder das Unbenennbare niederschreiben noch das Undefinierbare definieren lässt.

Trotz dieser Erkenntnis wird auch in der vorliegenden Untersuchung durch die Auswahl an Werken und die Benennung des phantastischen Elements in den ausgewählten Dramen ein Phantastikbegriff impliziert, der jedoch nicht hinter der Kritik an Definitionsversuchen versteckt, sondern, die Problematik respektierend, umschrieben werden soll. Ein Ausweg über die Begrifflichkeit der 'Phantastik' oder des 'Phantastischen' bietet sich dabei nicht:

> Der Begriff „Phantastik" hat in den meisten literarischen Lexika und Enzyklopädien kein nomenklatorisches Äquivalent, d.h., er existiert begrifflich nicht. Im Register der „Propyläen Geschichte der Literatur" kommt Phantasie vor, nicht aber Phantastik. Im „Brockhaus" findet man Phantasie, Phantasma, Phantasmagorie, Phantasos [...], Phantast, Phantastica (Psychopharmaka) u.a., nicht aber Phantastik. Als eigenständige Kategorie im Bereich der Kunst und Literatur scheint also Phantastik im

---

84 Christian W. Thomson/Jens-Malte Fischer: Phantastik in Literatur und Kunst. S. 7

Grunde nicht zu existieren, sondern nur als die substantivierte Form einer Eigenschaft, des Attributs „phantastisch", das soviel wie schwärmerisch, seltsam, ungewöhnlich und unwirklich bedeutet (Duden).[85]

Mittlerweile findet sich im Duden `Fantastik´ und `fantastische Literatur´:

Fantastik, auch: Phantastik die; -: das Fantastische, Unwirkliche.
Fantastische Literatur: über den Realismus hinausgehende, durch fantastische Elemente gekennzeichnete Literatur. b) verstiegen, überspannt. 2. (ugs) unglaublich; großartig, wunderbar.[86]

Da die Eigenschaften schwärmerisch, seltsam, ungewöhnlich, unwirklich, unglaublich, großartig und wunderbar das phantastische Phänomen, wie es bisher umschrieben wurde, nicht ausreichend kennzeichnen und eine Definition über den Realismus ebenso problematisch ist, sind definitorische Kompromisse unumgänglich, wobei der Begriff des Phantastischen verständlicherweise so offen und weit gefasst wie möglich bleiben soll. Auf den Grundkonsens des theoretischen Diskurses in der Epik zurückgreifend, wird das Phantastische weiterhin als Relationsbegriff gesehen, der abhängig ist von einer ihm entgegengesetzten Vorstellung von Wirklichkeit.

Obwohl die Ungenauigkeit eines solchen Ansatzes bereits ausführlich und zu Recht benannt wurde, scheint dieser zu der bestmöglichen Umschreibung des Begriffes zu führen, weil er sich am ehesten dem Wesen des Phantastischen annähert. Da dieses Phantastische auch im Drama existiert (vgl. 3., S. 20-21) und es kaum Ziel der Wissenschaft ist, alles, was sich nicht in ihre Kategorien fügt, außer Acht zu lassen oder gar zu negieren, ist es gerechtfertigt, gleichgültig welchen Status das Phantastische im Drama einnimmt, eine darauf ausgerichtete Untersuchung vorzunehmen, die nicht an der wissenschaftlichen Unfassbarkeit der zentralen Charaktereigenschaft dieses Phänomens scheitern darf.

Diese Arbeit verlangt somit die Toleranz von definitorischer Unmöglichkeit sowie eine phantasievolle Offenheit, durch die das Phantastische am ehesten begreifbarer wird, denn der Versuch einer Definition von phantastischer Literatur wäre ein Verrat an derselben aus Hilflosigkeit gegenüber dem Nicht-Festlegbaren.[87] Deswegen ein Kompromiss:

Das Phantastische wird in der vorliegenden Arbeit als irreales Moment begriffen, das durch das Hervorrufen von Verstörung eine mögliche Weltvorstellung kontrastiert. Dies ist keine Definition, sondern eine `*Verständigungsmarke*´[88], die der getroffenen Textauswahl zugrunde liegt.

Das irreale Moment als unmittelbarer Ausdruck des Phantastischen rückt somit in das Zentrum dieser Untersuchung. Dabei wird man dem Wesen des Phantastischen wohl am sinnvollsten gerecht, wenn man versucht, sein Auftauchen in einem Drama mit den genannten Kriterien im Kontext des einzelnen Werkes möglichst umfassend darzustellen, ohne einen sinnlosen Pauschalisierungs- und ein-

---

85 Dietrich Wachler: Die Wirklichkeit des Phantoms. S. 344
86 Duden 5: Das Fremdwörterbuch. S. 255
87 vgl. Rein A. Zondergeld: Wege nach Sais. S. 85-86
88 Elmar Hennlein: Erotik in der phantastischen Literatur. S. 18

engenden Kategorisierungsversuch auf das phantastische Drama als literarische Gattung zu unternehmen bzw. eine Entscheidung zwischen den vielen brauchbaren, aber niemals ganz befriedigenden Theorien zu treffen.[89]

Aus diesem Grunde wird das Phantastische nicht als Genrebezeichnung, sondern als Modul, als ein mögliches Element in jeder Art von Drama gesehen, das sich in den unterschiedlichsten Formen und Umsetzungen zeigt und dessen möglichst umfangreicher Darstellung keine festgelegte Theorie und keine Definition des Phantastischen zugrunde liegen. Stattdessen bedient sich die Darstellung der vorgestellten, ideenreichen Theorien aus der Epik und greift an angebrachten Stellen ihr Vokabular auf.

Auch die bisher geschilderte Problematik eines Realitätsbegriffs (vgl. 2.2., S. 15-18) bildet einen wichtigen Kontext für die vorliegende Untersuchung und sollte bei den Schilderungen möglicher Leser-/Zuschauerreaktionen beachtet werden, um diese als das zu begreifen, was sie sind: Spekulationen auf der Grundlage eines subjektiven Erfahrungshorizontes, die jedoch für die Annäherung an das Phantastische unerlässlich sind.

Die erläuterte Vorgehensweise dieser Untersuchung, deren Aufgabe es ist, eine möglichst umfangreiche Darstellung des irrealen Momentes in den gewählten Dramen zu erreichen, wird besonders deutlich durch die Verbildlichung Martin Roda Bechers:

> Die ideale, dem Genre einzig gemäße Form einer solchen Abhandlung wäre ein Text, der sich wie die Landkarte [...] über das Gebiet breitet, alle seine Falten und Schründe, Axiome und Unregelmäßigkeiten registriert [...].[90]

---

89 vgl. Monika Schmitz-Emans: Phantastische Literatur: Ein denkwürdiger Problemfall. S. 80: *Die angemessene Form für den Literaturwissenschaftler, dem Phantastischen gerecht zu werden, läge wohl am ehesten im Nachvollzug jener flüchtigen Spannung – also im kommentierenden Nach-Erzählen des jeweiligen „phantastischen" plots, auf daß die Spannung deutlicher werde und für sich selbst spreche.*

90 Martin Roda Becher: An den Grenzen des Staunens. S. 11

4 Aspekte des Phantastischen im lyrischen Drama des Fin de siècle

René Magritte verdeutlicht in vielen seiner Bilder (vgl. Abb. 3, S. 28) die unendliche Vielfältigkeit der phantastischen Ausdrucksmöglichkeiten: Auflösung fester Formen, Verschieben von Perspektiven und Dimensionen, nahtloser Übergang von Gewohntem und Unerklärlichem, Veränderung von Relationen und Proportionen, Vermischung von Mensch und Tier sowie Mensch und Natur, Negierung der naturwissenschaftlichen Gesetze, plötzliche Erkenntnis des vorher Unbemerkten, u.v.m. – das Phantastische führt in seiner endlosen Vielfältigkeit den gewohnten Blickwinkel des Betrachters *ad absurdum*.

Ebenso zahlreich wie die Äußerungsformen des Phantastischen ist sein Auftreten. Wie die meisten künstlerischen Ausdrucksformen unterliegt es eben keinem ewigen Zyklus von Tod und Wiedergeburt, sondern ist potentiell immer vorhanden und bereit, um genutzt zu werden. Abhängig von den jeweiligen literar- und sozialhistorischen Bedingungen finden sich Zeiten, in denen das Phantastische vermehrt auftritt und Zeiten, in denen es fast verschwunden scheint. Sinnvoll ist es allerdings, die Existenz des Phantastischen, wie es durch die ´Verständigungsmarke´ (vgl. 3.2., S. 25) dieser Arbeit begriffen wird, erst ab dem Zeitalter der Aufklärung zu suchen, da diese die Grundlage für einen subjektiven Realitätsbegriff liefert.

Diese Arbeit wählt daraus einen Zeitraum, der sowohl für die Entwicklung des modernen Dramas (vgl. 5., S. 84-85) als auch für die des Phantastischen (vgl. 2.1.3., S. 12-13 und 2.1.4., S. 13-15) von Bedeutung ist und beginnt ´mit der Erstellung einer Landkarte´, indem sie versucht, ein abgestecktes Gebiet in einem angemessenen Maßstab kommentierend darzustellen. Dabei versteht sie sich nicht als abgeschlossene Untersuchung eines zeitlich begrenzten Phänomens, sondern als Modul, das sowohl in der Betrachtung des historischen Zeitraumes als auch in der Untersuchung des künstlerischen Phänomens in alle Richtungen offen und weiterführbar ist. Das zentrale Untersuchungsgebiet dieses Moduls ist das Phantastische im lyrischen Drama des Fin de siècle.

4.1 Das lyrische Drama des Fin de siècle

Das lyrische Drama des Fin de siècle ist eine Dramenform, die sich durch ihre Absage an die Handlung vom eigentlich Dramatischen abwendet. Mit Blick auf die Beschreibung von Unterschieden zwischen narrativen und dramatischen Texten (vgl. 3.1., S. 21-24) ist es sinnvoll, die Besonderheiten dieser Dramenform nachfolgend darzustellen.

Ebenso wie bei der Phantastik ist die Verwendung des Begriffs lyrisches Drama als Gattungsbezeichnung problematisch, weil die damit benannten literarischen Phänomene keine kontinuierliche Gattungsgeschichte und keine einheitliche Identität verbindet.[91]

---

91 vgl. Peter Szondi: Das lyrische Drama des Fin de siècle. S. 17-20

4. Aspekte des Phantastischen im lyrischen Drama des Fin de siècle

Abbildung 3: René Magritte – Das verzauberte Reich
Wandbild ausgeführt nach acht Gemälden

Dies ermöglicht jedoch gleichzeitig eine einzelne Betrachtung des lyrischen Dramas des Fin de siècle als neue, literaturgeschichtliche Erscheinung des ausgehenden 19. Jahrhunderts losgelöst von jeder Gattungsgeschichte.[92] Dort entsteht das lyrische Drama im Kontext seiner historischen Voraussetzungen als eindeutige Abwendung von Naturalismus und Realismus – Strömungen, die durch den Anspruch der möglichst genauen Reproduktion von Wirklichkeit dem Phantastischen auf der Bühne keinen Raum lassen.

Als Reaktion auf die völlige Vergesellschaftung und damit einhergehend die völlige Vereinsamung und Überforderung des Einzelnen in einer Zeit, die von Industrialisierung und Konsum geprägt ist (vgl. 2.1.3., S. 12-13 und 2.1.4., S. 13-15), findet im lyrischen Drama des Fin de siècle ein Rückzug in das Innere des Menschen statt. Um diesem im Drama Ausdruck zu verleihen, wird das Lyrische gegen das traditionelle Illusionstheater, das als anachronistisch und in leere Konventionen verstrickt gilt, gesetzt. Die dramatische Form, verbunden mit Elementen des Lyrischen, soll das klassische Drama sprengen und zeigt in der praktischen Umsetzung zahlreiche neue Tendenzen.[93]

Dem von Milieu und Vererbung abhängigen naturalistischen Menschenbild wird die höhere, schmerzlichere Verbundenheit des Menschen mit seinem unausweichlichen Schicksal entgegengestellt. Dieses Ausgeliefert-Sein an ein Höheres nimmt den Figuren jede Möglichkeit des Handelns, so dass sie ausschließlich auf die Situation des herannahenden Schicksals reagieren bzw. diese ertragen können, was dramaturgisch die Ersetzung der Handlung durch die Situation, die in der Form der dramatischen Szene dargestellt wird, bedeutet. Damit wird die Bühne zu einem *Podium der inneren Sicht des Autors*[94], auf dem die Aufreihung von Gefühl ausdrückenden Aussagen den dramatischen, also handlungstreibenden Dialog ersetzt.[95] Das Stagnieren der äußeren Handlung wird zusätzlich in der Abwendung vom klassischen, handlungsabhängigen Dramenmodell hin zur dramatischen Szene und Bevorzugung des Einakters deutlich.

Der Verlust der Handlung bis hin zur Statik bringt einen Verlust der Spannung im bekannten Sinne mit sich, die durch ein ängstliches unwissendes 'Gespannt-Sein', das seinen Höhepunkt in der Erkenntnis des nahenden Schicksals findet, ersetzt wird. Das Wesentliche geschieht im inneren Erleben auf dem Weg zu dieser Erkenntnis, nicht in der äußeren, stagnierenden Handlung, womit sich der personale, zwischenmenschliche Konflikt zu einem Konflikt von Ideen und Gefühlen wandelt, was sich in der Ausgestaltung der Figuren niederschlägt.[96]

Das lyrische Drama des Fin de siècle zeigt keine Identifikationsfiguren, sondern schattenhafte Wesen, die bestimmte geistige Haltungen verkörpern und vor ihrem endgültigen Schicksal schließlich doch alle gleich sind. Individualisierte, ausge-

---

92 vgl. Peter Szondi: Das lyrische Drama des Fin de siècle. S. 22
93 vgl. Kesting, Marianne: Maeterlincks Revolutionierung der Dramaturgie. S. 528
94 Ebd. S. 529
95 vgl. Ebd.
96 vgl. Schels, Evelyn: Die Tradition des lyrischen Dramas von Musset bis Hofmannsthal. S. 211

prägte Charaktere werden durch eine dem Schicksal ausgesetzte Menschenmenge ersetzt, deren einzelne Objekte von ihrer Zeichenhaftigkeit dominiert werden. Im lyrischen Drama des Fin de siècle findet sich somit eine Wandlung des zwischenmenschlichen Konflikts zu einem innermenschlichen Konflikt von allegorisierten Figuren.[97]

Die beschriebene stagnierende, äußere Handlung wird in die Sprache dieser Figuren gelegt, wodurch der *Dialog „zweiten Grades"*[98] Ausdruck des menschlichen Innenlebens wird. Indem er im Gegensatz zur dramatischen Sprache nicht auf die gegenwärtige Handlung festgelegt und somit zeitlos ist, versucht er auszudrücken, was sich hinter der Oberfläche verbirgt und umkreist das schicksalhafte Geschehen mit einer Metaphernsprache, die sich dem Schweigen nähert. Diese Sprachform ist von einem real motivierten Zwiegespräch weit entfernt und besteht aus Anspielungen, doppelsinnigen Verweisen und Pausen, durch die sie versucht, eine Vorahnung zu vermitteln.[99]

Die Ersetzung des dramatischen Dialogs durch den Dialog zweiten Grades, der die Darstellung des menschlichen Seelenlebens zur Aufgabe hat, wird in seiner Funktion durch zahlreiche szenische Mittel außersprachlicher Art, die in hohem Maße die Bühne dominieren, unterstützt. Dabei haben die Gegenstände auf der Bühne größtenteils symbolischen Charakter, denn schmückendes Beiwerk im Sinne der Darstellung einer zweiten Bühnenwirklichkeit wird abgelehnt.[100]

Diese Symbolik zusammen mit den bereits genannten Tendenzen soll zu einem Ausdruck der menschlichen Situation im Universum führen, der Allgemeingültigkeit erlangt und nach den Theorien Stéphane Mallarmés das Universum widerspiegelt.[101] Um diese Spiegelfunktion zu erlangen werden Ort und Zeit im Drama zu nicht fixierbaren Elementen, die den Verzicht auf die dramatische Illusion unterstreichen.[102]

Aus den genannten formalen Aspekten ergibt sich eine zentrale Tendenz: Das lyrische Drama des Fin de siècle wird beherrscht von einer eigentümlichen, nicht fassbaren Atmosphäre. Diese lyrische Grundstimmung entsteht durch die vielfältigen Metaphern- und Symbolschichten, die der äußere, stagnierende Handlungsablauf nicht fassen kann und die letztlich die fehlende Handlung ersetzen sowie alle Kategorien des lyrischen Dramas des Fin de siècle tragen.

Diese Stimmung als Produkt der thematisch bestimmten formalen Tendenzen ist Ausdruck des Unfassbaren, des Anderen, des *furchtbaren Unbekannten.*[103]

97　vgl. Schels, Evelyn: Die Tradition des lyrischen Dramas von Musset bis Hofmannsthal. S.211
98　Maurice Maeterlinck: Der Schatz der Armen. S. 69
99　vgl. Hans-Peter Bayerdörfer: Eindringlinge, Marionetten, Automaten. S. 510-511
100　vgl. Ebd. S. 511
101　vgl. Marianne Kesting: Maeterlincks Revolutionierung der Dramaturgie. S. 529
102　vgl. Ebd. S. 529-531
103　Ebd. S.542

4.2 Phantastisches im lyrischen Drama des Fin de siècle

Das lyrische Drama des Fin de siècle ist also Ausdruck des Anderen, des Unfassbaren, des Unbekannten – aber ist es auch Ausdruck des Phantastischen? Nutzt es phantastische Elemente?
Hier noch einmal die `Verständigungsmarke´, die dieser Arbeit zugrunde liegt: Das Phantastische wird als irreales Moment begriffen, das durch das Hervorrufen von Verstörung eine mögliche Weltvorstellung kontrastiert.
Fischer (vgl. 2.1.3., S. 12-13) und Freund (vgl. 2.1.4., S. 13-15) verdeutlichen in ihren Ausführungen zur gesellschaftlichen und politischen Lage während der Jahrhundertwende die Gründe für das auffällige *Bedürfnis nach Mystizismus, Nervenkunst und Seelenmikroskopierung*[104], das die Grundlage für den `Wiedergebrauch´ des Phantastischen liefert. Indem im lyrischen Drama des Fin de siècle das menschliche Innenleben und das Schicksal des Einzelnen zum zentralen Darstellungsobjekt werden, impliziert es eine metaphysische Fragestellung, die aus dem sicheren, eingegrenzten, begreifbaren Leben herausführt.
Der Drang, die Weltansicht zu einer Innenansicht der menschlichen Seele und ihrer Verbindung zur äußeren Welt zu machen, bildet den symbolischen Bezugspunkt für das lyrische Drama und findet sich auch in irrealen Momenten der Darstellung. Diese sind im lyrischen Drama des Fin de siècle bereits in den vier Beispielen von unterschiedlicher Struktur.
Während Maurice Maeterlinck eine Verdichtung der dekadenten Stimmung und eine Verunsicherung der Rezipienten durch größtenteils ereignishafte phantastische Strukturen und eine stete Steigerung der ungewissen und dekadenten Atmosphäre erreicht (vgl. 4.2.1., S. 32-54), zeigt Hugo von Hofmannsthal Personifikationen des Unbekannten auf der Bühne, die schon in ihrer Namensgebung eindeutig unmenschlich sind (vgl. 4.2.2., S. 54-75).
Die vier ausgewählten Dramen – „L`Intruse" und „La Mort de Tintagiles" von Maurice Maeterlinck sowie „Der Tor und der Tod" und „Der Kaiser und die Hexe" von Hugo von Hofmannsthal - zeigen einige der zahlreichen Aspekte des Phantastischen im lyrischen Drama des Fin de siècle, wobei das kommentierende Be- und Umschreiben mit Rückbezug auf die jeweilige Originalstelle die zentrale Vorgehensweise ist.
Dabei bezieht sich die Untersuchung vorerst ausschließlich auf den dramatischen Text der genannten Stücke, um anschließend durch die exemplarische Beschreibung einer theatralen Umsetzung der phantastischen Strukturen ergänzt zu werden (vgl. 4.3.1., S. 76-82), die aufgrund der Bestimmung des Dramas zur Aufführung nicht außer Acht gelassen werden sollte.
Grundlage dieser Betrachtung ist die Inszenierung „Kaiser/Hexe", die als zweiter Teil des Doppelabends "Tor/Tod/Kaiser/Hexe" am Schlosstheater Moers aufgeführt wurde.

---

104 Jens-Malte Fischer: Zwischen Décadence und Faschismus. S. 95

4.2.1 Maurice Maeterlinck

Die Ziele, die sich Maeterlinck steckt, sind kurz und bündig in einem Satz des „Trésor" formuliert: „Poesie hat keinen anderen Zweck als den, die großen Strassen, die vom Sichtbaren zum Unsichtbaren führen, offen zu halten." Man braucht kein Mystiker zu sein, um dem Dichter auf diese Strassen zu folgen. Jeder erlebt Momente einer gesteigerten Lebensempfindung, in denen er die lichten Wege und das dunkle Ziel vor sich liegen sieht. [...] Ferne Verwandtschaften offenbaren sich aus fremdem Sinn, Erinnerungen an nie geschaute Landschaften steigen herauf. Wem hätte nicht schon eine unbekannte, bannende Macht Worte, Entschlüsse, Thaten gelähmt?[105]

Während die griechische Tragödie den Helden im tragischen Kampf mit dem Fatum zeigt und das klassische Drama die Konflikte des zwischenmenschlichen Bezugs erfasst, zeigt Maeterlinck den Moment, in dem der gelähmte, wehrlose Mensch vom unausweichlichen Schicksal eingeholt wird. Er erfasst ihn in seiner ohnmächtigen Hilflosigkeit vor dem Ausgeliefert-Sein an ein uneinsichtiges Schicksal, welches ihm zur letzten, existentiellen Bedrohung wird: Diese letzte Stufe des Unerklärlichen ist der Tod, den keine Tat herbeiführt und den niemand zu verantworten hat.[106]

4.2.1.1 L'Intruse

Der erste Eindringling, der die Personenwelt des bürgerlichen Theaters in Verwirrung bringt und der einem Stück – L'Intruse – den Titel gegeben hat, stammt von Maurice Maeterlinck, und gemeint ist mit diesem Eindringling nicht Hanswurst oder Harlekin, sondern der Tod.[107]

Dieser Tod dringt unaufhaltsam in das abendliche Beisammensein einer Familie. Der Vater, seine drei Töchter, der Onkel und der Großvater warten auf das Eintreffen der barmherzigen Schwester an einem Abend, der Grund zum Hoffen gibt, denn die Mutter, die nach der Geburt eines Kindes seit mehreren Wochen krank im Nebenzimmer liegt, befindet sich nach Aussage des Arztes auf dem Weg der Besserung. Nach vielen sorgenvollen Tagen und Nächten verdeutlicht besonders der Vater ein Aufkeimen von Hoffnung und Sicherheit:

> Le Père: C'est vrai, c'est la première fois que je me sens chez moi, au milieu des miens, depuis cet accouchement terrible.[108]

Die Krankheit dringt als Fremder in den kleinsten, schützenden Kreis des Einzelnen ein, die Familie, und erinnert in ihrer Unberechenbarkeit an die Vergänglichkeit des Menschen:

> L'Oncle: Une fois que la maladie est entrée dans une maison, on dirait qu'il y a un étranger dans la famille.

---

105 Monty Jacobs: Maeterlinck. S. 35. Vgl. Maurice Maeterlinck: Der Schatz der Armen. S.94: *[die Poesie] hat keinen anderen Endzweck als den, „die grossen Strassen, die vom sichtbaren zum unsichtbaren führen", offen zu halten.*
106 vgl. Peter Szondi: Theorie des modernen Dramas. S. 57
107 Hans-Peter Bayerdörfer: Eindringlinge, Marionetten, Automaten. S. 507-508
108 Maurice Maeterlinck: L'Intruse. S.203

Le Père:	Mais alors, on voit aussi qu'en dehors de la famille, il ne faut compter sur personne.[109]

Nachdem die Ärzte versichern, dass kein Grund mehr zur Besorgnis besteht, scheint der Eindringling durch den Zusammenhalt der Familie besiegt und ein Abend der hoffnungsvollen Entspannung steht bevor. Allein der blinde Großvater kann die Hoffnung der sehenden Verwandten nicht teilen. Seine große Unsicherheit und Ängstlichkeit zeigt er immer wieder in kurzen, prägnanten Sätzen:

L'Aieul:	Il me semble qu'il ne fait pas très clair ici.[110]
L'Aieul:	Il vaut mieux rester ici, on ne sait pas qui peut arriver.[111]
L'Aieu:	Je crois qu'elle ne va pas bien....[112]
L'Aieul:	Je n'y vois pas comme vous.[113]
L'Aieul:	Je ne sais pas ce qu'il faut que je pense...[114]

Die ängstliche Ungewissheit des Großvaters kontrastiert das hoffnungsvolle Vertrauen von Vater und Onkel, die sich ganz auf die Erkenntnisse der Medizin verlassen und von der zugesagten Genesung der Mutter überzeugt sind.

Die Ereignisse des Abends werden im gesamten Stück aus diesen zwei gegensätzlichen Sichtweisen dargestellt, wobei die drei Schwestern in einer epischen Funktion die sichtbaren Ereignisse an den blinden Großvater weitergeben.

Besonders wichtig erscheint der Kontrast zwischen der Verunsicherung des Großvaters und der Sicherheit des Vaters und des Onkels in ihren Reaktionen auf die ungewöhnlichen Ereignisse, die sich in der Situation des Wartens auf die Schwester in immer dichter werdender Abfolge finden.

Die eben noch schöne Natur, in der Nachtigallen singen und die weite Sicht bis zu einem Zypressenwäldchen möglich ist, schlägt plötzlich um und kündigt für den Großvater die Bedrohung an, die von außen in das sicher geglaubte Heim der Familie eindringt. Gleichzeitig mit der Vermutung einer Tochter, jemand habe den Garten betreten, hören die Nachtigallen auf zu singen und ein leichter Wind kommt auf, die Fische im Teich tauchen unter, die Schwäne haben Angst und die Hunde verkriechen sich in ihre Hütte:

L'Aieul:	Je n'entends plus les rossignols.
La Fille:	Je crois que quelqu'un entré dans le jardin, grand-père.
L'Aieul:	Qui est-ce?
La Fille:	Je ne sai pas, je ne vois personne.
L'Oncle:	C'est qu'il n'y a personne.
La Fille:	Il doit y avoir quelqu'en dans le jardin; les rossignols se sont tus tout à coup,
L'Aieul:	Je n'entends pas marcher cependant.
La Fille:	Il faut que quelqu'un passe près de l'étang, car les cygnes ont peur.
Autre Fille:	Tous les poissons de l'étang plongent subitement.
Le Père:	Tu ne vois personne?

---

109 Maurice Maeterlinck: L'Intruse. S.203
110 Ebd. S. 201
111 Ebd. S. 202
112 Ebd.
113 Ebd.
114 Ebd. S. 204

La Fille: Personne, mon père.
Le Père: Mais cependant, l'étang est dans le clair de lune...
La Fille: Oui; je vois que les cygnes ont peur.
L'Oncle: Je suis sûr que c'est ma sœur qui les effraie. Elle sera entrée par la petite porte.
Le Père: Je ne m'explique pas pourquoi les chiens n'aboient point.
La Fille: Je vois le chien de garde tout au fond de sa niche. – Les cygnes vont vers l'autre rive!...
L'Oncle: Ils ont peur de ma sœur. Je vais voir. (Il apelle). Ma sœur! ma soeur! Est-ce toi? – Il n'y a personne.[115]

Obwohl auch die Tochter davon überzeugt ist, dass jemand den Garten betreten habe und der Großvater ihre Vermutung mit der Erkenntnis teilt, ein Unbekannter müsse die Tiere verschreckt haben, lehnt der Onkel die Ahnungen des Großvaters als übertriebene Reaktion ab. Der Vater wirkt zwar erstaunt über die *silence de mort*[116], geht aber schnell zum alltäglichen Familienleben über. Während die Töchter mit Hilfe des Onkels vergeblich versuchen, der Bitte des Vaters nachzukommen und die durch die Feuchtigkeit plötzlich verzogene Tür zu verschließen, erschreckt ein weiteres Geräusch den ängstlichen Großvater:

(On entend, tout à coup, le bruit d'une faux qu'on aiguise au dehors)
L'Aieul: (tressailant) Oh!
L'Oncle: Qu'est-ce que c'est?
La Fille: Je ne sais pas au juste; je crois que c'est le jardinier. Je ne vois pas bien, il est dans l'ombre de la maison.
Le Père: C'est le jardinier qui va faucher.
L'Oncle: Il fauche pendant la nuit?
Le Père: N'est-ce pas dimanche, demain? – Oui. – J'ai remarqué que l'herbe était
très haute autour de la maison.
L'Aieul: Il me semble que sa faux fait bien du bruit...
La Fille: Il fauche autour de la maison.
L'Aieul: L'aperçois-tu, Ursule?
La Fille: Non, grand-père, il est dans l'obscurité.
L'Aieul: Je crains qu'il ne réveille ma fille.
L'Oncle: Nous l'entendons à peine.
L'Aieul: Moi, je l'entends comme s'il fauchait dans la maison.[117]

Schließlich schläft der wunderliche, alte Großvater besorgt und erschöpft ein. Diese erste Geschehnisabfolge des Dramas hinterlässt eine ungewisse Ahnung. In der Aneinanderreihung von Gefühlen und Beobachtungen hält die Sichtweise des Onkels für jedes Ereignis eine den herrschenden Naturgesetzen entsprechende Erklärung bereit, während der Großvater durch sein übersensibles Verhalten diese immer wieder in Frage stellt. Es erscheint mehr als logisch, wenn der Onkel erklärt, dass jemand, der den Garten betritt, auch auf sein Rufen antworten würde und Holztüren sich bei extremer Feuchtigkeit verziehen. Doch auch wenn eine der Töchter Recht behält und jemand Fremdes den Garten betreten hat, finden

---

115 Maurice Maeterlinck: L'Intruse. S. 209-211
116 Ebd. S. 211
117 Ebd. S. 213-215

sich noch immer zahlreiche Lösungen, die keinen Anlass zu der übertriebenen Besorgnis des Alten geben: ein verirrtes Tier, das durch den Garten läuft, ein Einbrecher, der auf den Ruf des Onkels hin das Weite sucht, ein Streuner, der einen geschützten Schlafplatz sucht.... .
Der anschließende Defekt der Holztür ist ein Alltagsereignis, denn Gebrauchsgegenstände können versagen und der Einfluss der Feuchtigkeit auf das Holz erscheint mehr als nachvollziehbar. Ebenso gehört es zum Alltag eines Gärtners, sein Arbeitsgerät zu schleifen, um den Garten für den Sonntag herzurichten. Trotz aller Erklärungen ist es kaum möglich, sich von dem unguten Gefühl loszusagen, das durch viele kleine Anspielungen noch verstärkt wird:

Le Père:	Il y a un silence de mort.[118]
L'Aieul:	Il me semble que le froid entre dans la chambre.[119]
L'Oncle:	[...] Il faut qu'il y ait quelque chose entre les battants.[120]
L'Aieul:	Il me semble que sa faux fait bien du bruit...[121]

Bei allen der herrschenden Logik entsprechenden Erklärungen vermittelt die Unterhaltung der Familie über ihre Beobachtungen das Gefühl, dass etwas Fremdes, Unbekanntes sich dem Haus nähert, während die Familie auf die barmherzige Schwester wartet, und spätestens bei dem Geräusch der Sense, deren Symbolik wohl kaum eindeutiger sein kann (vgl. Abb. 4, S. 36), scheint es erwiesen, dass dieses Unbekannte nicht willkommen ist. Das plötzliche Erinnern des Vaters, morgen sei doch Sonntag und der Gärtner müsse deswegen im Dämmern noch das zu hoch gewachsene Gras schneiden, ist eher verwirrend als überzeugend.
In diesem Kontext von gemischten Gefühlen und logischen Erklärungen erscheint der nun folgende Dialog zwischen Onkel und Vater über Sehende und Blinde doppeldeutig und der alte Großvater wirkt nicht mehr nur übersensibel sondern auf eine positive Weise empfindsamer und empfänglicher für Wahrnehmungen, die dem oberflächlichen Sehen verborgen bleiben. Noch während Onkel und Vater die Wunderlichkeit des Alten betonen, schreckt dieser auf:

L'Aieul:	(s'éveillant) Suis-je tourné vers la porte vitrée?
La Fille:	Vous avez bien dormi, grand-père?
L'Aiuel:	Suis-je tourné vers la porte vitrée?
La Fille:	Oui, grand-père.
L'Aieul:	Il n'y a personne à la porte vitrée?
La Fille:	Mais non, grand-père, je ne vois personne.
L'Aieul:	Je croyais que quelqu'un attendait. Il n'est venu personne?
La Fille:	Personne, grand-père.[122]

---

118 Maurice Maeterlinck: L'Intruse. S. 211
119 Ebd. S. 212
120 Ebd. S. 213
121 Ebd. S. 214
122 Ebd. S. 218-219

4. Aspekte des Phantastischen im lyrischen Drama des Fin de siècle

Abbildung 4: Albert Pinkham Ryder – The Race Track or Death on a Pale Horse

4. Aspekte des Phantastischen im lyrischen Drama des Fin de siècle

Kurz nachdem der Großvater aus seinem Schlaf hochschreckt, weil er das Gefühl hat, jemand stehe an der Glastür, hört die ganze Familie, wie jemand das Haus betritt, und während der Großvater nur langsame Schritte bemerkt, ist sich der Onkel sicher, den Gang seiner Schwester im Keller erkannt zu haben.
Doch die Erleichterung über das Kommen der barmherzigen Schwester schlägt sofort wieder in Ungewissheit um:

L'Aieul:	Elle tarde bien à monter.
L'Oncle:	Il faut cependant que ce soit elle.
Le Père:	Nous n'attendons pas d'autres visites.
L'Aieul:	Je n'entends aucun bruit dans les souterrains.
Le Père:	Je vais appeler la servante; nous saurons à quoi nous en tenir.[123]

In der sich immer weiter verdichtenden Atmosphäre um einen unbekannten Eindringling bekommt die überzeugte Aussage des Vaters, es werde kein anderer Besuch erwartet, fast einen tragisch-komischen Beigeschmack und während der Vater lediglich die Dienerin, der Großvater dagegen die Dienerin und die Schwester zu hören glaubt, werden die verständlichen Erklärungen zu den Geschehnissen immer unglaubwürdiger. Zweifellos könnte ein Dieb heimlich den Kellereingang benutzt haben, um ungesehen in das Haus zu gelangen, aber würde er daraufhin gemeinsam mit der Dienerin die Kellertreppe zum bewohnten Saal hinaufsteigen? Vielleicht ist es die Schwester, die in der zu langen Zeitspanne zwischen dem Erschrecken der Tiere und ihrer Ankunft im Haus den schönen Abend im Garten genossen hat, während die Kranke auf sie wartet. Als die Dienerin schließlich allein vor der Tür des Geheimganges steht, beginnt ein Dialog, der die bisherigen Geschehnisse noch unerklärlicher erscheinen lässt, so dass sie schließlich auch dem Vater fragwürdig erscheinen:

Le Père:	Il n'y a que la servante. (A la servante). Qui est-ce qui est entrè dans la maison?
La Servante:	Entré dans la maison?
Le Père:	Oui, quelqu'un est venu tout à l'heure?
La Servante:	Personne n'est venu, Monsieur.
L'Aieul:	Qui est-ce qui soupire ainsi?
L'Oncle:	C'est la servante, elle est essoufflée.
L'Aieul:	Est-ce qu'elle pleure?
L'Oncle:	Mais non, pourquoi pleurerait-elle?
Le Père:	(à la servante) Quelqu'un n'est pas entré, tout à l'heure?
La Servante:	Mais non, Monsieur.
Le Père:	Mais nous avon entendu ouvrir la porte!
La Servante:	C'est moi qui ai fermé la porte.
Le Père:	Elle était ouverte?
La Servante:	Oui, Monsieur.
Le Père:	Porquoi etait-elle ouverte, à cette heure?
La Servante:	Je ne sais pas, Monsieur, moi je l'avais fermée.
Le Père:	Mais alors, qui est-ce qui l'a ouverte?
La Servante:	Je ne sais pas, Monsieur, il faut que quelqu'un soit sorti après moi…

---

123   Maurice Maeterlinck: L'Intruse. S. 221

Le Père:	Il faut faire attention. – Mais ne poussez donc pas la port ; vous savez bien qu'elle fait du bruit!
La Sevante:	Mais, Monsieur, je ne touche pas à la porte.
Le Père:	Mais si! Vous poussez comme si vous vouliez entrer dans la chambre!
La Servante:	Mais, Monsieur, je suis à trois pas de la porte.[124]

Doch dem Vater bleibt kaum Gelegenheit über die fragwürdige Situation nachzudenken, denn der blinde Großvater ist plötzlich überzeugt, dass jemand den Raum betreten und sich an den Tisch gesetzt habe. Der Versuch seiner Verwandten, ihn zu beruhigen, hat den gegenteiligen Erfolg, da sich der alte Mann nun getäuscht fühlt und seine Ungewissheit sich bis zur Erkenntnis des Vaters - *Mais vous devenez fou!*[125] - steigert.

Tatsächlich lässt die große Angst des blinden Großvaters ihn seltsam entrückt wirken, wenn er sich plötzlich einbildet, Geflüster und Schritte gehört zu haben, wenn er meint, die Angst der anderen spüren zu können, wenn er glaubt, jemand habe das Licht ausgemacht und wenn er jeden nach seinem Namen fragt, um die Plätze der Anwesenden bestimmen zu können.

Fast hellseherisch erscheint die plötzliche Erkenntnis des Alten: *Mais vous ne voyez pas, vous autres!*[126] Umso beängstigender ist die Lokalisierung des fremden Eindringlings durch den Alten, der ihn direkt in der Mitte der beieinander sitzenden Familie vermutet.

Erneut prallen die Sichtweisen des vordergründig Blinden und der angeblich Sehenden in einem plötzlichen, unerwarteten Gefühlsausbruch aufeinander und der Großvater verdeutlicht seine stetig wachsende Gewissheit, die selbst den bisher so vernünftig wirkenden Vater beunruhigt, so dass er zum ersten Mal an der medizinisch zugesagten Genesung seiner Frau zweifelt:

L'Aieul:	Il y a longtemps que l'on me cache quelque chose!... Il s'est passé quelque chose dans la maison... Mais je commence à comprendre maintenant... Il y a trop longtemps qu'on me trompe! – Vous croyez donc que je ne saurai jamais rien? – Il y a des moments où je suis moins aveugle que vous, vous savez?... Est-ce que je ne vous entends pas cuchoter, depuis des jours et des jours, comme si vous étiez dans la maison d'un pendu? – Je n'ose pas dire ce que je sais ce soir... Mais je saurai la verité!... J'attendrai que vous disiez la vérité; mais il y a longtemps que je la sais, malgré vous! – Et maintenant, je sens que vous êtes tous plus pâles que des morts! [...]
Le Père:	Est-ce que, vraiment, ma femme est en danger?[127]

Der blinde Großvater erscheint in diesem Zusammenhang als der Einzige, der wirklich sieht, und dessen Intuition auf die Nähe und Präsenz des Unbekannten

---

124 Ebd. S. 222-224
125 Maurice Maeterlinck: L'Intruse. S. 228
126 Ebd. S. 232
127 Ebd. S. 236-237

verweist[128], obwohl er die fremden Gefühle nicht einordnen kann und die eigene Familie als Komplott schmiedende Gegner betrachtet.
Während die Angst des Großvaters wächst und die Gewissheit um das Nahen des Schrecklichen immer größer wird, stellt sich erneut die Situation des Wartens auf die Schwester und den Arzt ein, in der sich die Abfolge ungewöhnlicher Geschehnisse fortsetzt: Die Kerze flackert und erlischt, obwohl kein Windzug geht, draußen herrscht noch immer eine außerordentliche Stille und schließlich, als die Uhr zwölf schlägt und gleichzeitig der Mondschein durch ein Fenster ins Zimmer dringt, der dieses seltsam ausleuchtet, *il semble, à certains qu'on entende, très vaguement, un bruit comme de quelqu'un qui se lèverait en toute hâte.*[129]
Die Befürchtungen des blinden Großvaters werden schließlich zur schrecklichen Gewissheit um den Tod der Mutter, der gleichzeitig mit dem ersten Lebenszeichen des neugeborenen Kindes eintritt.
So erscheinen die vielen seltsamen Geschehnisse des vorhergehenden Abends rückblickend als Eindringen des Todes, der von außen in das Heim der wartenden Familie kommt. Dabei werden die beschriebenen dialogischen Andeutungen von außersprachlichen Faktoren unterstützt.
Die bereits genannte unverkennbare Symbolik der Sense, die einen ersten Hinweis auf den Tod als fremden Eindringling gibt, wird durch eine Inszenierungsanweisung im Nebentext akustisch umgesetzt: *On entend, tout à coup, le bruit d'une faux qu'on aiguise au dehors.*[130] Auch das Betreten des Hauses, das keiner Person zugeordnet werden kann, ist als Geräusch wahrnehmbar: *On entend un bruit, comme de quelqu'un qui entre dans la maison.*[131]
Das stündliche Schlagen der Uhr verkündet die Uhrzeit des voranschreitenden Abends und pünktlich mit dem Schlagen dieser um Mitternacht ist undeutlich das hastige Aufstehen eines Anwesenden akustisch wahrzunehmen, direkt gefolgt von dem ersten, angsterfüllten Wimmern des Kindes, das sich in zunehmendem Entsetzen fortsetzt.
Das Verstreichen der Zeit, verdeutlicht durch ein akustisches Signal, betont die hilflose Situation des Wartens, in der die Familie nicht in der Lage ist zu handeln, sondern lediglich kommentierend und besprechend die erschreckenden Ereignisse wahrnehmen kann, so dass eine Veränderung der Situation unmöglich ist.
Die Gespräche, welche die Wartezeit auffüllen, verstärken nach und nach die dunkle Ahnung, der Macht des drohenden Unbekannten hilflos ausgeliefert zu sein und zwar an einem sicheren, privaten Ort mitten im Alltag des Familienlebens, in der Freude über die baldige Genesung eines kranken Familienmitgliedes.
Auch optisch finden die ungewissen Vorgänge des Abends eine Verstärkung, die im Nebentext angegeben ist. Zentral ist dabei die klare Grenzziehung zwischen dem Haus und der äußeren Umgebung, die durch das Öffnen und Schließen von Fenstern und Türen deutlich wird. Diese fungieren als Verbindungselement zwi-

---

128 vgl. Mohammed Anâm: Hugo von Hofmannsthal und Maurice Maeterlinck. S. 111
129 Maurice Maeterlinck: L'Intruse. S. 243
130 Ebd. S. 213
131 Ebd. S. 219

schien der inneren Welt, die Schutz und Geborgenheit bietet, und der äußeren Welt, aus der das unaufhaltsame Schicksal eindringt.[132]
Dabei besitzt dieses Motiv in Maeterlincks „L'Intruse" seine eigene Symbolik: Einerseits bietet es die Möglichkeit, die äußeren Vorgänge aus sicherer Distanz zu beobachten und mit Hilfe der eigenen Weltsicht einzuordnen, andererseits wird es zum versagenden Schutzmechanismus, symbolisch verdeutlicht in dem Moment, da sich die Tür nicht mehr vollständig schließen lässt.
Parallel zum Fortschreiten der Zeit, die der Uhrschlag verdeutlicht, wird der Raum, in dem sich die Wartenden befinden, nach und nach dunkler, bis auch die Kerze erlischt. Erst mit dem Schlagen der Uhr um Mitternacht und dem Geräusch des hastigen Aufstehens dringt ein heller Mondschein in den Raum und beleuchtet ihn auf seltsame Art und Weise.
Während die Fähigkeit des gegenständlichen Sehens bei Vater, Onkel und den drei Töchtern somit nach und nach verloren geht, wird die Situation für den blinden Großvater immer klarer.
Neben den verstärkenden Inszenierungsanweisungen im Nebentext scheint eine implizite Anweisung des Haupttextes besonders unerklärlich:

Le Père: Mais si! Vous poussez comme si vous vouliez entrer dans la chambre!
La Servante: Mais, Monsieur, je suis à trois pas de la porte![133]

Hier sind es nicht der übersensible Großvater oder die beschreibenden Töchter, sondern es ist der Vater, der einen starken Druck auf die Tür spürt und diesen der Dienerin zuordnet, die jedoch sichtbar drei Schritte von der Tür entfernt steht. Erneut scheint der Tod der einzig Handelnde des Dramas zu sein, während die auffällige Häufung von größtenteils erklärbaren, aber unheimlich wirkenden Elementen die Stimmung zum Gefühl des nahenden Unbekannten verdichten.[134]
Plötzlich erscheint das Warten doppeldeutig: Auf wen wird eigentlich während des ständigen Gebrauchs des Pronomens *elle* gewartet - *la soeur de charité? - La mort?* (vgl. Abb. 5, S. 42)
Jedes Geräusch, jedes Ereignis des Dramas lässt sich ebenso auf das erwartete Nahen der Schwester beziehen wie auch auf das unerklärliche Eindringen des unvorhersehbaren Schicksals und obwohl sich für jedes Geschehen akzeptable Erklärungen finden lassen, erscheinen diese, trotz des menschlichen Dranges, eine glückliche Schicksalswendung zu finden, nicht überzeugend.
Das Schwanken zwischen dem Aufrechterhalten der eigenen Weltsicht und dem Anerkennen eines in irgendeiner Form personifizierten Todes (vgl. Abb. 4, S. 36 und Abb. 5, S. 39), der menschliche Schrittgeräusche verursacht und den Weg durch den Kellereingang nimmt, aber doch nicht sichtbar ist, bleibt. Todorov sieht das Phantastische in genau dieser Ungewissheit.
Das phantastische Element ist in Maeterlincks Drama „L'Intruse" der Tod, der in einer ereignishaften Struktur, die jedoch eine unsichtbare Verkörperung impli-

---

132 vgl. Mohammed Anâm: Hugo von Hofmannsthal und Maurice Maeterlinck. S. 179
133 Maurice Maeterlinck: L'Intruse. S. 224
134 vgl. Heinrich Meyer-Benfey: Das Maeterlinck-Buch. S. 62

ziert, von außen in die sichere Welt der Familie eindringt und sich durch eine Aneinanderreihung phantastischer Momente ankündigt.

Diese zwar größtenteils erklärbaren, aber doch sehr ungewöhnlichen Ereignisse können die akzeptierte Weltordnung kontrastieren und rufen unterschiedliche Reaktionen bei den Figuren des Dramas hervor. Während der Onkel ungeduldig in der Situation des Wartens ist und sich kaum von den wunderlichen Vorahnungen des Alten und den seltsamen Begebenheiten des Abends beeinflussen lässt, ist der Vater für einen kurzen Moment besorgt:

Le Père: Est-ce que, vraiment, ma femme est en danger?[135]

Die drei Töchter versuchen ihre aufkommende Unsicherheit, die sich in Zittern und gegenseitigen Umarmungen zeigt, zu unterdrücken, um den aufgebrachten alten Großvater nicht noch mehr zu beunruhigen:

L'Aieul: Donnez-moi vos petites mains, mes filles.
Les trois Filles: Oui, grand-père.
L'Aieul: Pourquoi tremblez-vous toutes les trois, mes filles?
La Fille Aînée: Nous ne tremblons presque pas, grand-père.
L'Aieul: Je crois que vous êtes pâles toutes trois.
La Fille Aînée: Il est tard, grand-père, et nous sommes fatiguées.[136]

Allein der Großvater lässt die eigene Angst vermuten, indem er diese auch bei den restlichen Familienmitgliedern zu spüren glaubt und die Ruhe und Sicherheit des abendlichen Kreises als scheinheilige Inszenierung zur Vertuschung unbekannter Vorgänge versteht:

L'Aieul: J'entends bien que vous avez peur!
Le Père: Mais de quoi donc aurions-nous peur?[137]

Im Laufe des Dramas rufen die phantastischen Ereignisse bei den Figuren des Dramas somit unterschiedliche Wirkungen hervor, die von ungeduldiger Sicherheit über leichte Verunsicherung bis zu großer Angst reichen und dem Rezipienten bereits eine Auswahl an Sichtweisen bieten, die jedoch alle nicht wirklich befriedigend erscheinen.

1. Auch das Ende des Dramas bewirkt keine wirkliche Auflösung der Geschehnisse, denn erneut bieten sich zwei Lösungsmöglichkeiten: Die seltsamen Geschehnisse sind auf das Betreten des Hauses von einem leibhaftigen Tod zurückzuführen, der als letzte existentielle Bedrohung zum Schicksal des Einzelnen wird, in das dem Menschen bisher die Einsicht versperrt blieb.
2. Der Tod der Mutter ist auf ihre vorhandene Krankheit nach der Geburt und die seltsamen Ereignisse sind auf eine logische Erklärung zurückzuführen. Ihr zeitliches Zusammentreffen ist Zufall.

---

135 Maurice Maeterlinck: L'Intruse. S. 237
136 Ebd. S. 233-234
137 Ebd. S. 228

Abbildung 5: Carlos Schwabe – Tod und Totengräber

Vielleicht bleibt die Ungewissheit aber auch als 'Todorovscher Idealfall' (vgl. 2.1.1., S.10) über das Ende des Dramas hinaus bestehen und keine der genannten Lösungsmöglichkeiten kommt in Betracht. Dies scheint eine weitere vorstellbare Möglichkeit zu sein, denn die der Form des lyrischen Dramas entsprechende und auch in diesem Drama zentral vorhandene verdichtete Stimmung lässt die dekadente Atmosphäre der Ereignisse gegebenenfalls stark genug nachwirken, um trotz oder gerade wegen der, spätestens am Ende des Dramas offensichtlichen, symbolischen Funktion des Stückes einen Angriff auf die eigene subjektive Vorstellung von Leben und Tod zu erfahren. In Maeterlincks Drama „L'Intruse" ist es nicht irgendein Geist oder irgendeine Hexe, die als phantastisches Symbol Angst und Schrecken verbreiten will, sondern der Tod als letzte unausweichliche, existentielle Bedrohung des Menschen, der eben durch sein leises aber stetes und unaufhaltsames Eindringen in den kontrollierten Alltag des Menschen eine tiefe, ohnmächtige Angst hervorruft und ihm das aufzeigt, was er in seinem Weltbild nicht akzeptieren kann und möchte: die Grenzen der menschlichen Vorstellungskraft, die Grenzen der Wissenschaft und die Grenzen der menschlichen Selbstbestimmung und Macht.

Schließlich zeigt Maeterlincks Eindringling, dass auch der Mensch an Gesetze und Mächte irgendwo jenseits der für ihn wahrnehmbaren und begreifbaren Dingwelt ausgeliefert ist und kontrastiert damit die kontrollierte Weltansicht des Menschen, denn die letztendlich unangefochtene Macht hat in diesem Drama nur einer - und das ist der Tod.

Mit Blick auf die eingeschränkte Weltsicht des Menschen und die vielen unbekannten Bereiche des Lebens scheint die Bemerkung des rationalistischen Onkels weiser als es ihm selbst bewusst ist: *Mais il n'y a pas de vérité!*[138]

Wie immer in der Auseinandersetzung mit dem Phantastischen ist dies lediglich eine Möglichkeit, denn schließlich bleibt es dabei:

> Im „Intruse" geschieht nichts, was nicht vom Rationalismus als harmloser Zufall erklärt werden kann und erklärt wird. [...]. Freilich, das letzte Menschheitsrätsel vom Werden und Vergehen seiner Lösung näher zu bringen, vermag auch dieses Drama vom Eindringling Tod nicht. Aber im grossen Totentanz der tragischen Dichtung giebt es wenige Schöpfungen, die packender und unmittelbarer den Eishauch der nahenden Vernichtung fühlen lassen.[139]

Ob der Eishauch der Vernichtung zum phantastischen Moment wird, der die Sekurität der eigenen Lebenswirklichkeit in Frage stellt, oder ob das Drama in einer Ansammlung von tragischen Zufällen die Übersensibilität eines alten Mannes demonstriert, bleibt subjektiv

---

138 Maurice Maeterlinck: L'Intruse. S. 234
139 Monty Jacobs: Maeterlinck. S. 57-58

4.2.1.2 La mort de Tintagiles

Es ist auch hier nur ein Sterben, das Sterben eines Kindes [...]. Aber hier kommt dieser noch als Lebender vor unsere Augen; und so ist es denn hier das Grauen und die Angst vor dem Tode, die wir schaudernd mitleben [...]. Damit ist denn auch gegeben, daß der Tod hier nicht still und unbemerkt als natürliches Ereignis eintritt [...], sondern als Gewalttat, als Mord, im voraus geplant, gedroht, gefürchtet. Und damit ist dann weiter gesagt, daß diese feindliche Macht, so geheimnisvoll und so dunkel sie auch bleibt, doch in persönlicher Gestalt vorgestellt ist.[140]

Während das Unerklärliche in „L'Intruse" in den realen Alltag des Familienlebens einbricht, erscheint Maeterlincks Drama „La mort de Tintagiles" geheimnisvoller, wirklichkeitsferner und noch beängstigender durch die Offensichtlichkeit eines geplanten und doch sinnlosen Todes. Dieser ereignet sich an einem Ort, den Ygraine direkt zu Beginn des Dramas als dunklen Ort, der weder Hoffnung noch Zukunft bietet, beschreibt und der, durch die vorhergehende Ortsbestimmung, *Au sommet d'une colline qui domine le chateau*[141], eine mystische Atmosphäre vermittelt:

> Ygraine: [...] Nous voici seuls, peut-être, bien qu'ici, il faille vivre sur ses gardes. Il semble qu'on y guette l'approche du plus petit bonheur. Je me suis dit un jour, tout au fond de mon âme; - et Dieu lui-même pouvait l'entendre à peine; - je me suis dit un jour que j'allais être heureuse.... Il n'en fallut pas davantage; et quelque temps après, notre vieux père mourait et nos deux frères disparaissaient sans qu'un seul être humain puisse nous dire où ils sont. Me voici toute seule, avec ma pauvre sœur et toi, mon petit Tintagiles; et je n'ai pas confiance en l'avenir...[142]

An diesen Ort der Hoffnungslosigkeit, an dem der Vater und die anderen Brüder auf unerklärliche Weise verschwunden sind, wird der kleine Tintagiles zu seinen beiden Schwestern Ygraine und Bellangère gebracht. Ygraine ist hin und her gerissen zwischen der Freude über das unerwartete Wiedersehen mit dem geliebten Bruder, den sie weit weg in Sicherheit glaubte, und der Angst, ihn an eine Macht zu verlieren, der sie hilflos ausgeliefert ist:

> Ygraine: [...] Et personne ne semblait avoir de soupçons... mais une nuit, j'ai appris qu'il devait y avoir autre chose... J'ai voulu fuir et je n'ai pu le faire... [...][143]

Diese Macht personifiziert sich in der geheimnisvollen Königin, die in einem zeitlos erscheinenden Turm hoch über dem Schloss lebt, das sie mit allen dort lebenden Menschen beherrscht. Es ist eine dunkle, finstere Herrschaft, ohne jede Lebensqualität, im Schatten eines seltsamen Turmes, dem die Zeit, im Gegensatz zum Rest des Schlosses, nichts anhaben kann:

---

140 Heinrich Meyer-Benfey: Das Maeterlinck-Buch. S. 79
141 Maurice Maeterlinck: La mort de Tintagiles. S. 203
142 Ebd. S. 203-204
143 Ebd. S. 206

Ygraine:	Il est noir en effet... Il est au plus profond d'un cirque de ténèbres... Il faut bien qu'on y vive... [...] Les murailles se fendent et l'on dirait qu'il se dissout dans les ténèbres... Il n'y a qu'une tour que le temps n'attaque point... Elle est énorme; et la maison ne sort pas de son ombre....[144]

In Ygraines Beschreibungen wird der enorme Einfluss deutlich, den die Königin ausübt und dem zu entrinnen unmöglich scheint. Dabei bleibt ihre Person ebenso unerklärlich wie ihre Macht:

Ygraine:	Personne ne le sait, mon enfant. Elle ne se montre pas... Elle vit là, toute seule dans sa tour; et celles qui la servent ne sortent pas durant le jour... Elle est très vieille; elle est la mère de notre mère et elle veut régner seule... Elle est soupçonneuse et jalouse et on dit qu'elle est folle... Elle a peur que quelqu'un ne s'élève à sa place; et c'est, sans doute, à cause de cette crainte qu'elle a voulu qu'on t'amenât ici... Ses ordres s'exécutent sans qu'on sache comment... Elle ne descend jamais; et toutes les portes de la tour sont fermées nuit et jour... Je ne l'ai jamais aperçue; mais d'autres l'ont vue, paraît-il, dans le temps, alors qu'elle était jeune...
Tintagiles:	Elle est très laide, sœur Ygraine?
Ygraine:	On dit qu'elle n'est pas belle et qu'elle devient énorme... Mais ceux qui l'ont vue n'osent plus en parler... Mais qui sait s'ils l'ont vue?... Elle a une puissance que l'on ne comprend pas; [...][145]

Der erste Akt von Maeterlincks „La mort de Tintagiles" wird dominiert von den Beschreibungen der geheimnisvollen Königin und ihres dunklen Königreichs. Sie ist eine Verwandte von Ygraine, Bellangère und Tintagiles, ihre Großmutter, die offensichtlich nach und nach alle ihre männlichen Verwandten umbringt, weil sie in ihnen eine Bedrohung ihres Regiments sieht.
Es erscheint eigenartig, dass sie als leibliche Großmutter, welche die Mutter der drei Geschwister zur Welt gebracht hat, von niemandem gesehen wurde und beschrieben werden kann. Was ist mit der Mutter von Ygraine, Bellangère und Tintagiles geschehen? Welche Mutter und Großmutter verbannt die leibliche Tochter und die eigenen Enkel dermaßen konsequent aus ihrem Blickfeld?
In Ygraines Versuch, dem kleinen Tintagiles Geborgenheit und Schutz zu vermitteln, tritt ihre eigene Angst hervor, in der die Vermutung immer deutlicher wird, dass die Königin auch den jungen Tintagiles nur in ihr Schloss bringen ließ, um konsequent und ohne Rücksicht auf sein Alter zu verhindern, dass er ihre Macht jemals anfechten kann.
Diese Macht scheint undurchsichtig und unbegreiflich. Die Königin ist sehr alt und da sie niemals den Turm verlässt, wurde sie bisher von niemandem gesehen. Die Wenigen, die von ihr in den Turm gerufen werden, kommen entweder nicht lebend zurück oder schweigen. Obwohl auch ihre Dienerinnen das Haus tagsüber nicht verlassen, scheint es unmöglich, aus diesem eher ungesicherten Königreich, denn Männer gibt es dort kaum noch und die Möglichkeiten eines `Strafvollzugs´ scheinen begrenzt, zu fliehen. So weiß niemand, wie die Befehle der herrschen-

---

144 Ebd. S. 207
145 Maurice Maeterlinck: La mort de Tintagiles. S. 208-209

den Königin ausgeführt werden und obwohl sie alt ist und einige sie für verrückt halten, bleibt ihre unbegreifliche Macht unangefochten. Diese Macht lässt eine Flucht nicht zu und bewirkt bei ihren Untertanen auf unerklärliche Weise die Anerkennung der grausamen, hoffnungslosen Herrschaft:

Ygraine: [...] Donne-moi ta petite main... Je le garderai bien et nous allons rentrer dans le château malade...[146]

Zurück im Schloss werden im zweiten Akt die Beschreibungen um die Königin und ihren Turm in einem Gespräch zwischen den beiden Schwestern, in dem Bellangère ihr verbotenes Eindringen in das Erdgeschoss des Turmes schildert, noch mysteriöser. Die märchenhafte Atmosphäre wird verstärkt durch die Beschreibungen des zeitlosen Turmes, dessen Erdgeschoss aus vielen, von Lampen beleuchteten Gängen besteht, mit niedrigen Galerien, die nirgendwo hin führen und erstickten Stimmen, die Bellangère von weit her hören konnte. Unter Tränen informiert sie ihre Schwester über das Gespräch der Dienerinnen, das sie dort mithören konnte und in dem deutlich wurde, dass Tintagiles bald zu der gefürchteten Königin gebracht werden soll.

Ygraines Angst wird zur schrecklichen Gewissheit:

Ygraine: Je sais ce que cela veut dire, et ce n'est pas la première fois qu'elles sortent de la tour... Je savais bien pourquoi elle l'avait fait venir...mais je ne pouvais croire qu'elle aurait hâte ainsi!... Nous verrons... nous sommes trois et nous avons le temps.[147]

In einem kurzen, leidenschaftlichen Aufbegehren verkündet Ygraine Gegenwehr, doch diese schlägt schnell in die resignierte Gewissheit um, der unbegreiflichen Macht hilflos ausgeliefert zu sein, so dass der einzige, mögliche Plan das Warten ist – Warten auf das Holen Tintagiles in der Hoffnung, dass das Flehen der Schwestern Mitleid erregt und den schrecklichen Plan der Königin abwenden kann:

Ygraine: Je ne sais pas encore ce que je ferai, mais je l'étonnerai... savez-vous ce que c'est, vous autres qui tremblez? Je vais vous dire...
Bellangère: Quoi?
Ygraine: Elle ne le prendra pas sans peine...
Bellangère: Nous sommes seules, sœur Ygraine...
Ygraine: Ah! c'est vrai, nous sommes seules!...Il n'y a qu'un remède et il nous réussit toujours!... Attendons à genoux comme les autres fois... (D'une voix ironique). Elle aura peut-être pitié!... Elle se laisse désarmer par les armes... Il faut lui accorder tout ce qu'elle demande; elle sourira peut-être; et elle a l'habitude d'épargner tous ceux qui s'agenouillent... Elle est là depuis des années dans son énorme tour, à dévorer les nôtres, sans qu'un seul ait osé la frapper au visage... Elle est là sur notre âme comme la pierre d'un tombeau et pas un n'ose étendre le bras... Au temps qu'il y avait ici des hommes, ils avaient peur aussi, et tombaient à plat ventre... Aujourd'hui c'est au tour de la femme... nous verrons... Il est temps qu'on se lève à la

---

146 Ebd. S. 210
147 Maurice Maeterlinck: La mort de Tintagiles. S. 214

> fin... On ne sait pas sur quoi repose sa puissance et je ne veux plus
> vivre à l'ombre de sa tour... Allez-vous-en, allez-vous-en tous deux,
> et laissez-moi plus seule encore si vous tremblez aussi... Je
> l'attends..[148]

Auch Aglovale und Bellangère entschließen sich mit Ygraine die Dienerinnen der Königin zu erwarten. Dieser mutig gefasste Entschluss verdeutlicht ihre Hilflosigkeit, denn die Anerkennung der grausamen, unerklärlichen Macht steht weiterhin außer Frage. Ein wirkliches Aufbegehren, sich zu wehren – das scheint in Anbetracht der Situation unmöglich und die einzige Form der Gegenwehr ist der Beweis der Anerkennung und Untergebenheit durch das gemeinsame Niederknien und Flehen. Für den alten, erfahrenen Aglovale ist dies ein aus der Hoffnung entstandener, aber sinnloser Versuch, den er selbst schon vor langer Zeit aus dem Drang, sich zu wehren und Veränderung zu schaffen, gewagt hat – wie viele andere auch ohne etwas zu erreichen:

> Aglovale: Je reste aussi, ma fille... Il y a bien longtemps que mon âme est inquiète... Vous allez essayer... nous avons essayé plus d'une fois...
> Ygraine: Vous avez essayé... vous aussi?
> Aglovale: Ils ont tous essayé... Mais au dernier moment, ils ont perdu la force... Vous aussi vous verrez... Elle m'ordonnerait de monter jusqu'à elle ce soir même, je joindrais mes deux mains sans rien dire; et mes pieds fatigués graviraient l'escalier, sans lenteur et sans hâte, bien que je sache qu'on ne le descend pas les yeux ouverts... Je n'ai plus de courage contre elle... nos mains ne servent à rien et n'atteignent personne... Ce n'est pas ces mains-là qu'il faudrait et tout est inutile... Mais je veux vous aider puisque vous espérez... Fermez les portes, mon enfant... Eveillez Tintagiles; entourez-le de vos petits bras nus et prenez-le sur vos genoux... nous n'avons pas d'autre défense...[149]

In dieser resignierten Atmosphäre versucht Ygraine mit den wenigen zur Verfügung stehenden Mitteln ihren kleinen Bruder zu beschützen. Sie kontrolliert alle Türen und bereitet sich mit Aglovale und Bellangère darauf vor, Tintagiles zu bewachen. Dabei sind ihre Arme und das Schwert Aglovales die einzigen Waffen, die ihnen bleiben, und Aglovale betont in einem Ausdruck von Tatendrang und gleichzeitiger Resignation erneut, wie vergeblich dieser Verteidigungsversuch, für den es keinen wirklich brauchbaren Plan und keine wirkungsvolle Waffe zu geben scheint, ist:

> Aglovale: [...] J'ai fait ces choses, je ne sais quand... mais je n'avais jamais osé tirer l'épée... Aujourd'hui, elle est là, devant moi, bien que mes bras n'aient plus de force; mais je veux essayer... Il est peut-être temps qu'on se défende, quoiqu'on sache que l'effort ne servira de rien.[150]

---

148   Ebd. S. 214-215
149   Maurice Maeterlinck: La mort de Tintagiles. S. 216
150   Ebd. S. 217-218

In diesem verzweifelten, hoffnungslosen Versuch, den kleinen Bruder zu beschützen, ist es Tintagiles selbst, der auf eine fast magisch wirkende Art und Weise das nahende Unheil spürt, wobei seine negativen Ahnungen in psychischen und physischen Reaktionen deutlich werden:

Tintagiles:	Je ne peux plus marcher, sœur Ygraine...
Ygraine:	Tu ne peux plus marcher? ...voyons, voyons, qu'as-tu donc? – Est-ce que tu souffres un peu?
Tintagiles:	Oui...
Ygraine:	Où est-ce donc que tu souffres? – dis-le moi, Tintagiles, et je te guérirai...
Tintagiles:	Je ne peux pas le dire, sœur Ygraine, c'est partout...
Ygraine:	Viens ici, Tintagiles... Tu sais bien que mes bras sont plus doux et qu'on y guérit vite... Donne-le moi, Bellangère... Il va s'asseoir sur mes genoux, et cela passera... Là, tu vois ce que c'est? Tes grandes sœurs sont ici... Elles sont autour de toi... nous allons te défendre et le mal ne pourra pas venir...
Tintagiles:	Il est là, sœur Ygraine... [...][151]

Ebenso wie der Großvater, der in „L'Intruse" das immer näher kommende Unheil spürt, ist auch Tintagiles in einem Zustand höchster Sensibilität, in den er sich mehr und mehr hineinsteigert. Er spürt die Angst seiner Beschützer, bemerkt zum ersten Mal die alten Wunden Aglovales, fühlt Schmerzen durch die leichte Umarmung Ygraines und hört ihr Herz schlagen, bis er sich schließlich sicher ist, das Kommende gehört zu haben, und in einem Zustand ungewisser Angst und purer Verzweiflung in Ohnmacht fällt:

Tintagiles:	J'ai entendu!... Elles...elles viennent!
Ygraine:	Mais qui donc?...qu'as-tu donc?...
Tintagiles:	La porte! la porte! Elles y étaient!
(Il tombe à la renverse sur les genoux d'Ygraine.)	
Ygraine:	Qu'a-t-il donc?... Il s'est...il s'est évanoui...[152]

Auch Ygraine kann die erstaunliche Reaktion Tintagiles nicht verstehen bis Aglovale tatsächlich Schritte auf dem Korridor vernimmt, die nicht wie bekannte Schritte klingen, sondern wie die von unbekannten, fremden Wesen:

Aglovale:	Je ne sais pas... on entend et on n'entend pas... Elles ne marchent pas comme les autres êtres, mais elles viennent... Elles touchent la porte...[153]

Schließlich kommen die unbekannten, seltsamen Schritte immer näher und Aglovale, Bellangère und Ygraine versuchen verzweifelt, das Eindringen von außen durch die schwere Eisentür zu verhindern. Auch in diesem Drama Maeterlincks ist es die weltliche Grenzziehung einer undurchdringbar scheinenden Tür, die in ihrer Schutzfunktion versagt (vgl. 4.2.1.1., S. 32-43), während in einer seltsamen Verbindung zwischen dem versuchten Eindringen und dem Empfinden Tintagiles dieser wieder zu sich kommt:

---

151 Ebd. S. 219-220
152 Maurice Maeterlinck: La mort de Tintagiles. S. 225
153 Ebd. S. 226

([...] Ygraine bondit, portant Tintagiles évanoui; et elle, Bellangère et Aglovale, avec des efforts vains et énormes, tentent de repousser la porte qui continue de s'ouvrir lentement, sans qu'on entende ou que l'on voie personne. Seule une clarté froide et calme pénètre dans l'appartement. A ce moment, Tintagiles, se roidissant soudain, revient à lui, pousse un long cri de délivrance et embrasse sa sœur, tandis qu'à l'instant même de ce cri, la porte qui ne résiste plus, se referme brusquement sous leur poussée qu'ils n'ont pas eu le temps d'interompre.)[154]

Tintagiles ist vorerst gerettet, doch die bisherigen Geschehnisse wirken beängstigend und unwirklich. Dabei erscheinen besonders die geheimnisvolle Königin und ihre besondere Macht, die mit keinem anerkannten Machtverhältnis zu vergleichen ist, unerklärlich. Ihr Regiment vermisst jede Menschlichkeit und die selbstverständliche Akzeptanz von regelmäßigem, geplantem Mord ohne Gegenwehr und ohne Gewissheit bleibt rätselhaft.

In der Figur der Königin, die während des gesamten Dramas nicht auftritt, aber dessen Ereignisse beherrscht, findet sich ein indirekt personifiziertes phantastisches Element, das abstrakt und mystisch wirkt: ein geheimnisvoller Turm, der im Vergleich zum restlichen Schloss niemals altert, mit einer sehr alten Königin, die niemals ihren Turm verlässt und auf unbegreifliche Weise eine Herrschaft voller Angst und Tod durchsetzt, ohne dass es jemals irgendjemandem gelungen ist, sich gegen diese zu wehren.

Das Handeln und die Macht der Königin bleiben auch mit weit hergeholten Erklärungsversuchen unbegreiflich und verstoßen gegen jede bekannte und akzeptierte Vorstellung von einem weltlichen Machtverhältnis. In dieser unerklärlichen Beziehung zwischen Herrscherin und Untertanen haben die Figuren des Dramas keine wirkliche Möglichkeit zu handeln, denn es gibt keine Waffen mit denen sie sich wirkungsvoll wehren könnten und jeder Versuch, dem unmenschlichen Handeln der Königin entgegenzuwirken, geschweige denn ihre Macht anzugreifen, scheint von vornherein zum Scheitern verurteilt. So befinden sich Ygraine, Bellangère und Aglovale ebenso wie die Familie in „L'Intruse" in einer Situation des Wartens. Hier ist es ein hoffnungsloses Warten voller Ungewissheit, die das gesamte Leben beherrscht:

Aglovale: [...] Il faut bien que l'on vive en attendant l'inattendu...[155]

Neben der abstrakten, indirekt personalen phantastischen Figur der Königin scheinen auch die geschilderten Ereignisse bis zur Rettung Tintagiles seltsam und erschreckend. Die bereits angesprochene, fast magisch wirkende Verbindung zwischen Tintagiles und dem Nahen der königlichen Dienerinnen hat ihren Höhepunkt in der Verbindung mit ereignishaften phantastischen Momenten, die sich in den Inszenierungsanweisungen (vgl. Zitat 154, S. 49) am Ende des dritten Aktes finden. Von der Kraft Aglovales und dem Kampf der verzweifelten Schwestern unbeeindruckt, öffnet sich langsam und immer weiter die schwere Tür, jedoch ohne dass jemand zu sehen oder zu hören ist, während gleichzeitig eine kalte, ruhige Helligkeit durch die Tür in die Wohnung dringt. Mit Tintagiles

---

154 Ebd. S. 226-227
155 Maurice Maeterlinck: La mort de Tintagiles. S. 222

Schrei der Erleichterung leistet die Tür plötzlich keinen Widerstand mehr und fällt zurück in ihr Schloss. Tintagiles kommt unter den Augen seiner erstaunten, verständnislosen Beschützer wieder zu sich und scheint vorerst gerettet:

> Aglovale: (écoutant à la porte.) Je n'entends plus rien...
> Ygraine: (éperdue de joie.) Tintagiles!... Tintagiles!... Voyez!... Voyez!... Il est sauvé!... Voyez ses yeux... on voit le bleu... Il va parler... Elles ont vu qu'on veillait... Elles n'ont pas osé! Embrasse-nous! Tous! tous!... Jusqu'au fond de notre âme!...[156]

Diese kurze Hoffnung schwindet jedoch schnell und die vermutete Gnade entpuppt sich als geschickte Taktik, um Tintagiles leise und unauffällig von seinen Schwestern zu trennen. Im vierten Akt treten die seltsamen Dienerinnen, die nicht wie andere Wesen gehen (vgl. Zitat 153, S. 48), in einem Korridor vor der Wohnung auf. Sie sind verschleiert, werden aber ansonsten nicht näher beschrieben. In ihrem Dialog benennen sie das Unverständnis, das die Atmosphäre des Ausgeliefert-Seins an die unbegreifliche Macht der Königin hervorruft, und die vielen unbewussten Ahnungen, die niemals Verständnis und Gewissheit erreichen:

> 1. Servante: Prenez garde; ils savent quelque chose... Ils luttaient tous trois contre un mauvais rêve...
> 3. Servante: Ils le savent toujours, mais ils ne comprennent pas...[157]

Auch die engen Umarmungen der drei Geschwister, die in einem erleichterten, tiefen und erschöpften Schlaf fest umschlungen beieinander liegen, sowie die Anwesenheit des ebenfalls schlafenden Aglovales können die Dienerinnen nicht von ihrem schrecklichen Auftrag abhalten:

> 1. Servante: Quand on touche à l'un d'eux autres tressaillent...
> 2. Servante: Ils font de grands efforts sans pouvoir remuer...
> 1. Servante: L'aînée voudrait crier, mais elle n'y parvient pas...
> 2. Servante: Venez vite; ils semblent avertis...
> 3. Servante: Le vieillard n'est pas là?
> 1. Servante: Si; mais il dort dans un coin...
> 2. Servante: Il dort, le front sur le pommeau de son épée.
> 1. Servante: Il ne sait rien; et il ne rêve pas...
> 3. Servante: Venez, venez; il faut qu'on en finisse...
> 1. Servante: Vous aurez de la peine à démêler leurs membres...
> 2. Servante: C'est vrai; ils s'entrelacent comme ceux des noyés...
> 3. Servante: Venez, venez...[158]

Die Schilderungen der drei Dienerinnen verdeutlichen die tiefe seelische Verbundenheit der Geschwister und haben als Teichoskopie eine epische Funktion, indem sie berichten, was in der momentan nicht einsehbaren Wohnung geschieht. Die Inszenierungsanweisungen am Ende des vierten Aktes geben vor, dass der Schutz der Schwestern schließlich nicht ausreicht und Tintagiles von einer Dienerin, mit den abgeschnittenen Locken der Schwestern in den Händen, aus der Wohnung getragen wird. Erst am Ende des Ganges wird er wach und stößt einen

---

156 Ebd. S. 227
157 Ebd. S. 230
158 Maurice Maeterlinck: La mort de Tintagiles. S. 232-233

überraschten Schrei tiefer Verzweifelung aus. Ygraine und Bellangère erkennen, dass sie von einer trügerischen Hoffnung in die Irre geführt wurden, und während Ygraine dem schreienden Tintagiles hinterher stürzt, fällt Bellangère in Ohnmacht, so dass Ygraine sich im fünften Akt schließlich allein im Turm der Königin wieder findet. Sie ist den Locken gefolgt, die Tintagiles nach und nach fallen ließ, und verdeutlicht in wirren monologischen Aneinanderreihungen von unsortierten Gedanken und überwältigenden Gefühlen ihre Situation, in der ihre Stärke ebenso deutlich wird wie ihre Überforderung:

> Ygraine: (se retournant avec égarement.) Ils ne m'ont pas suivie... Bellangère!... Bellangère!... Aglovale!... Où sont-ils? – Ils disaient qu'ils l'aimaient et ils m'ont laissée seule!... Tintagiles!... Tintagiles!... Oh! c'est vrai... j'ai monté, j'ai monté des degrés innombrables entre de grands murs sans pitié et mon cœur ne peut plus me faire vivre... On dirait que les voûtes remuent... [...]¹⁵⁹

In ihrer verzweifelten Suche nach Tintagiles benennt sie die Unvorstellbarkeit ihrer Lebenssituation und wirft damit erneut die immer gegenwärtige Frage nach dem Grund für die unerklärliche Handlungsunfähigkeit der Menschen auf, die im Schatten dieses Turmes in der Gewissheit um die grausame Königin leben:

> Ygraine: [...] Il y a trop de choses qui ne sont pas fixées... Il en est cependant qui doivent les savoir: mais pourquoi ne parlent-ils pas?[...]¹⁶⁰

Während Ygraine an der Kälte und Dunkelheit des unheimlichen Gewölbes verzweifelt, entdeckt sie plötzlich eine undurchdringbar scheinende, seltsam kalte Tür, die ihr, in der Hoffnung, Tintagiles doch noch zu finden, für einen kurzen Moment neue Kraft gibt:

> Ygraine: [...] On dit que les ténèbres empoisonnent... Il y a là une porte effrayante... (Elle s'approche de la porte et la tâte.) Oh! elle est froide!... Elle est en fer uni, tout uni et n'a pas de serrure... Par où donc s'ouvre-t-elle? Je ne vois pas de gonds... Je crois qu'elle est scellée dans la muraille... On ne peut pas monter plus haut... il n'y a plus de marches... (Poussant un cri terrible.) Ah!... encore des boucles d'or prises entre les battants!... Tintagiles! Tintagiles!...J'ai entendu tomber la porte tout à l'heure! Je me rappelle! Je me rappelle! Il faut!... (Elle frappe frénétiquement du poing et des pieds sur la porte.) Oh! le monstre! le monstre! C'est ici que vous êtes! Ecoutez! Je blasphème! je blasphème et je crache sur vous!...¹⁶¹

Hinter dieser eiskalten Tür, die weder Scharniere noch ein Schloss besitzt, befindet sich Tintagiles, der verzweifelt gegen seinen gewaltsamen Tod ankämpft und in beginnender Panik seine Schwester anfleht, die Tür zu öffnen:

> Tintagiles: Soeur Ygraine, soeur Ygraine! ...Je vais mourir si tu ne m'ouvre pas...
> Ygraine: Attends, j'essaye, attends... J'ouvre, j'ouvre...

---

159 Ebd. S. 236
160 Ebd. S. 237
161 Maurice Maeterlinck: La mort de Tintagiles. S. 237

Tintagiles:	Mais tu ne me comprends pas!... Sœur Ygraine!... Il n'y a pas de temps! Elle n'a pas pu me retenir... Je l'ai frappée, frappée... J'ai couru... Vite, vite, elle arrive!...
Ygraine:	Je viens, je viens... où est-elle?...
Tintagiles:	Je ne vois rien... mais j'entends... Oh! j'ai peur, sœur Ygraine, j'ai peur!... Vite, vite!... Ouvre vite!... pour l'amour du bon Dieu, sœur Ygraine![162]

Auch Tintagiles bekommt die geheimnisvolle Königin, die ihn offensichtlich mit ihren bloßen Händen ermorden will, nicht zu sehen. In völliger Dunkelheit hört er nur ihr Schnauben und spürt ihre Hände an seiner Kehle, während Ygraine verzweifelt versucht, die Tür an der Stelle zu öffnen, an der Tintagiles einen sehr kleinen Spalt entdeckt hat. Schließlich verlässt auch Tintagiles der Mut und in einem verzweifelten Dialog zwischen den durch eine Eisentür getrennten Geschwistern muss Ygraine den Mord an ihrem Bruder mitanhören:

Tintagiles:	Elle est là!... Je n'ai plus de courage. – Sœur Ygraine, sœur Ygraine!... Je la sens!...
Ygraine:	Qui?...Qui?
Tintagiles:	Je ne sais pas... Je ne vois pas... Mais ce n'est plus possible!... Elle...elle me prend à la gorge... Elle a mis la mains sur ma gorge... Oh! oh sœur! Ygraine, viens ici...
Ygraine:	Oui, oui...
Tintagiles:	Il fait si noir!...
Ygraine:	Débats-toi, défends-toi, dechire-la!... N'aie pas peur... Un moment!... Je suis là... Tintagiles? Tintagiles! réponds-moi! ... Au secours!... où es-tu?... Je vais t'aider...embrasse-moi... au travers de la porte... ici...ici...
Tintagiles:	(très faiblement.) Ici..ici...souer Ygraine...
Ygraine:	C'est ici, c'est ici que je donne des baisers, tu l'entends? encore! encore!
Tintagiles:	J'en donne aussi...ici...sœur Ygraine!... sœur Ygraine!... Oh!... (On entend la chute d'un petit corps derrière la porte de fer.)[163]

Tintagiles hat verzweifelt und mutlos den Kampf gegen die Königin verloren und sein Tod wird nur akustisch durch das Geräusch eines zu Boden fallenden kleinen Körpers verdeutlicht.

Das Phantastische findet sich in diesem Drama im Unsichtbaren und Unausgesprochenen. Die geheimnisvolle Königin, die niemand zu Gesicht bekommt, und ihre unerklärliche Macht wirken unheimlich und durch ihr unbegründetes, grausames Handeln wird sie zum personifizierten Grausamen, das in keiner Weltsicht vorstellbar erscheint. Selbstverständlich gibt es grausame und mordende Herrscher, aber deren Macht gründet sich nicht auf ein paar Dienerinnen, die nur selten und nur nachts einen nie alternden Turm verlassen.

Zusätzlich sind bekannte und unberechenbare Herrscher, egal ob aktuell oder als Teil der anerkannten Weltgeschichte, während ihrer grausamen Herrschaft als große Gefahr ein zentrales Gesprächsthema. Sie rufen Reaktionen in ihrem eige-

---

162 Ebd. S. 238-239
163 Ebd. S. 241-243

nen und in benachbarten oder sogar weiter entfernten Herrschaftsgebieten hervor. Dies alles geschieht unter dieser seltsamen, unbekannten Regierung einer sehr alten Frau nicht – im Gegenteil: Die schreckliche Königin ist ein totgeschwiegenes Tabu-Thema.

Das eigenartige Gefühl, das bei den Beschreibungen der Königin entsteht, wird intensiviert durch den Dialog, der voller Auslassungen und mit vielem Zögern die große Angst und Resignation vor der Macht der Königin verdeutlicht.

Diese grausame Macht, die ihren Höhepunkt in dem unmenschlichen Verbrechen des Mordes findet, wirkt besonders befremdlich und erschreckend durch seine Sinnlosigkeit. Es ist ein sehr kleiner, unschuldiger Junge, der hier mit bloßen Händen erwürgt wird. Er ist zu klein, um sich zu wehren und zu jung, um eine Gefahr darzustellen, doch er stirbt auf grausame Weise einen völlig grundlosen Tod. Diese Grund- und Sinnlosigkeit eines königlichen Handelns kontrastiert jede Form von Menschlichkeit und verstärkt den Eindruck von etwas Anderem, Mystischem, Nicht-Vorstellbarem.

Während das Drama „L'Intruse" für alles eine mögliche Erklärung bietet, die im Dialog zwischen den Familienmitgliedern dargelegt wird, und so die Ambivalenz der Ereignisse das Phantastische charakterisiert, ist es in „La mort de Tintagiles" weniger die Unschlüssigkeit als die erdrückende, grausam-märchenhafte Atmosphäre, die Angst, Hoffnungslosigkeit, Resignation und völliges Ausgeliefert-Sein vermittelt:

> Nichts ist getan, um das, was geschieht, uns klar und begreiflich zu machen; nächtlich, düster und gespensterhaft huschen die Bilder an uns vorbei; aber nur um so stärker kommt die grausenvolle Stimmung heraus.[164]

Das indirekt personale phantastische Element der Königin, das von der dichten Stimmung des Dramas gestützt wird, wirkt besonders erschütternd durch die Verbindung der leidenschaftlichen Liebe mit dem Tod. Der Tod tritt hier nicht als natürliches, sanftes Sterben mit gleichzeitigem Erwachen von neuem Leben (vgl. 4.2.1.1., S. 39) ein, sondern als geplanter, sinnloser Mord, der aus Liebe zu dem noch jungen Opfer bekämpft und durchlitten wird.[165] Doch auch die starke Liebe und der verzweifelte Kampf Ygraines sind ohnmächtig gegen diese unmenschliche Macht, die es sich nicht entgehen lässt, den kleinen Tintagiles mit bloßen Händen zu erwürgen.

Während in „L'Intruse" der Tod der einzige Handelnde des Dramas ist, finden sich, motiviert durch die große geschwisterliche Liebe, in diesem Drama Maeterlincks zwei gegeneinander handelnde Parteien. Ygraine, Bellangère und Aglovale versuchen in dem kleinen Rahmen ihrer Möglichkeiten das Unmögliche, indem sie entscheiden, Tintagiles auf jede erdenkliche Weise zu beschützen. Allein Ygraine hat genügend Kraft und Mut, dem entführten Tintagiles in den verbotenen Turm zu folgen, doch die Überzeugungen Aglovales bewahrheiten sich auf grausame Weise, denn jedes Sich-Wehren ist sinnlos und von vornherein zum Scheitern verurteilt:

---

164 Heinrich Meyer-Benfey: Das Maeterlinck-Buch. S. 81
165 vgl. Heinrich Meyer-Benfey: Das Maeterlinck-Buch. S. 80

Das Drama zeigt in besonderer Weise die Rebellion und das Ringen des Menschen gegen eine große Macht, gegen den Tod. Doch ist diese Rebellion vergeblich.[166]

In Maeterlincks „La mort de Tintagiles" wird jedoch nicht nur das unausweichliche letzte Schicksal des Menschen, der Tod, und dessen ständige Gegenwärtigkeit deutlich, sondern auch die Grenze der menschlichen Vorstellungskraft, die jedes noch so tragische, unabwendbare Ereignis einem Sinnbezug zuordnet.

Die Brutalität des Geschehens, das von der Königin als Versinnbildlichung des Todes ausgeht, passt in keine gängige Vorstellung von Tod und Teufel, Himmel und Hölle, Gut und Böse, sie bietet keine traditionellen oder biblischen Verhaltensregeln, um auch das letzte Schicksal des Menschen zur guten Erlösung zu wenden, sondern vernichtet diese Hoffnung durch eine grausame, übermächtige und unbegreifliche Sinnlosigkeit eines unbekannten und ungewollten Todes.

4.2.2 Hugo von Hofmannsthal

Das Reflektieren über das eigene Ich, dessen Verhältnis zum Du und zum Leben, über die Vergänglichkeit, das ungelebte Leben und den Tod, sowie Reflexionen über das Verhältnis von Kunst und Leben - dies sind die zentralen Themen der lyrischen Dramen [Hofmannsthals].[167]

Maeterlinck zeigt mit Hilfe phantastischer Elemente die Abhängigkeit des Menschen von einem Schicksal, das außerhalb seiner Vorstellungskraft liegt und nicht mit den begreifbaren Naturgesetzen erklärt werden kann. Während diese Abhängigkeit besonders die Ohnmacht des Menschen gegenüber uneinsehbaren Sphären verdeutlicht und immer in der Hoffnungslosigkeit endet, erfahren die Figuren Hofmannsthals in der Konfrontation mit den zentralen Themen seiner lyrischen Dramen - Tod, Kunst und Leben - die Möglichkeit von abwehrender Reaktion und Erkenntnis, die in der kommentierenden Darstellung der beiden exemplarischen Dramen deutlich wird.

4.2.2.1 Der Tor und der Tod

Hugo von Hofmannsthals „Der Tor und der Tod" beginnt mit einer ausführlichen Beschreibung des Studierzimmers, in dem sich Claudio, umstellt von zahlreichen Kunstgegenständen in einem *Kostüm der zwanziger Jahre des vorigen Jahrhunderts*[168], befindet. Dort betrachtet er vom Fenster aus die untergehende Abendsonne und sehnt sich nach einem einfachen, praktischen Leben in der Natur:

> Claudio: [...]
>   Wie nah sind meiner Sehnsucht die gerückt,
>   Die dort auf weiten Halden einsam wohnen
>   Und denen Güter, mit der Hand gepflückt,
>   Die gute Mattigkeit der Glieder lohnen.
>   Der wundervolle wilde Morgenwind,

---

166 Mohammed Anâm: Hugo von Hofmannsthal und Maurice Maeterlinck. S. 121
167 Annette Delius: Intimes Theater. S. 100
168 Hugo von Hofmannsthal: Der Tor und der Tod. S. 199

> Der weckt sie auf; die wilden Bienen sind
> Um sie und Gottes helle, heiße Luft.
> [...].[169]

Während Claudio sich in der melancholischen Abendstimmung nach Herzlichkeit, dem Trösten, Weinen und Lachen der Zwischenmenschlichkeit, nach Nähe und Liebe sehnt und diese in dem sinnerfüllten Leben der gewöhnlichen Menschen idealisiert, erkennt er in der Reflexion seines Lebens, welches er zwar verstanden, aber niemals in Gemeinschaft gelebt hat, dessen Sinnlosigkeit:

> Claudio: Was weiß denn ich vom Menschenleben?
> Bin freilich scheinbar drin gestanden,
> Aber ich hab es höchstens verstanden,
> Konnte mich nie darein verweben.
> Hab mich niemals daran verloren.
> Wo andre nehmen, andre geben,
> Blieb ich beiseit, im Innern stummgeboren.
> Ich hab von allen lieben Lippen
> Den wahren Trank des Lebens nie gesogen,
> Bin nie, von wahrem Schmerz durchschüttert,
> Die Straße einsam schluchzend, nie! Gezogen.
> Wenn ich von guten Gaben der Natur
> Je eine Regung, einen Hauch erfuhr,
> So nannte ihm mein überwacher Sinn,
> Unfähig des Vergessens, grell beim Namen.
> Und wie dann tausende Vergleiche kamen,
> War das Vertrauen, war das Glück dahin.
> Und auch das Leid! Zerfasert und zerfressen
> Vom Denken, abgeblaßt und ausgelaugt!
> Wie wollte ich an meine Brust es pressen,
> Wie hätt ich Wonne aus dem Schmerz gesaugt:
> Sein Flügel streifte mich, ich wurde matt,
> Und Unbehagen kam an Schmerzes Statt...[170]

Von seinem Denken beherrscht war es Claudio in seinem bisherigen Leben nicht möglich, sich Leidenschaften, Emotionen und Menschen wirklich hinzugeben, Schmerz und Liebe zu empfinde, stattdessen wurden diese Empfindungen durch seinen überwachen Sinn, durch eine ständige intellektuelle Reflexion zerstört.

In der Hoffnung, durch die Kunst das wahre Leben zu finden, flüchtet er in eine künstliche Dingwelt, die ihren Ausdruck in der erwähnten Gestaltung des Zimmers findet: *An den Pfeilern Glaskasten mit Altertümern. An der Wand rechts eine gotische, dunkle, geschnitzte Truhe; darüber altertümliche Musikinstrumente. Ein fast schwarzgedunkeltes Bild eines italienischen Meisters. Der Grundton der Tapete licht fast weiß; mit Stukkatur und Gold.*[171] Doch Claudios Versuch, über die Kunst das Leben zu erreichen, ist gescheitert:

---

169 Ebd. S. 200
170 Ebd. S. 201-202
171 Hugo von Hofmannsthal: Der Tor und der Tod. S. 199

Claudio:	Jetzt läßt der Lampe Glanz mich wieder sehen
	Die Rumpelkammer voller totem Tand,
	Wodurch ich doch mich einzuschleichen wähnte,
	Wenn ich den graden Weg auch nimmer fand
	In jenes Leben, das ich so ersehnte.[172]

Sich den Dingen in seinem Zimmer nach und nach zuwendend spricht er diese an, *[...] Gioconda, du,[..] Ihr Becher, ihr,[...] Ihr alten Lauten[...]*[173], und erkennt in dem fast lächerlichen Gespräch mit den toten Kunstgegenständen die Leblosigkeit seines Lebens:

Claudio:	Ich hab mich so an Künstliches verloren,
	Daß ich die Sonne sah aus toten Augen
	Und nicht mehr hörte als durch tote Ohren:
	[...][174]

Während Claudio über sein Leben nachsinnend zu der ersten Erkenntnis kommt, dass er sich auf der Suche nach einer wirklichen Verknüpfung mit dem Leben in der Kunst verloren hat, betritt sein Diener das Zimmer. Erschrocken und ängstlich bewahrt er vorerst seine dienerliche Haltung, schildert aber auf Claudios Aufforderung hin seine eigenartigen Beobachtungen im Garten, während es ihm ein besonders großes Anliegen zu sein scheint, die noch offene Balkontür zu schließen, die er, wie alle anderen Türen im Haus mit geweihtem Wasser besprengt, für einen möglichen Schutzmechanismus hält:

Claudio:	Laß noch die Türe offen... Was erschreckt dich?
Diener:	Euer Gnaden glauben mirs wohl nicht.
	(Halb für sich mit Angst)
	Jetzt haben sie im Lusthaus sich versteckt.
Claudio:	Wer denn?
Diener:	Entschuldigen, ich weiß es nicht.
	Ein ganzer Schwarm unheimliches Gesindel.
Claudio:	Bettler?
Diener:	Ich weiß es nicht.
Claudio:	So sperr die Tür,
	Die von der Gasse in den Garten, zu,
	Und leg dich schlafen und laß mich in Ruh.[175]

Claudio scheint wenig interessiert an den sonderbaren Schilderungen des Dieners von unheimlichen Gestalten im Garten und möchte lediglich seine Ruhe, um weiter den Gedanken über sein bisheriges Leben nachgehen zu können, die er in diesem Moment für lebenswichtiger hält. Doch der erschrockene, laut Inszenierungsanweisung ängstliche Diener lässt sich in seinem Unbehagen nicht beirren und erzählt weiter:

Diener:	Das eben macht mir solches Graun. Ich hab
	Die Gartentür verriegelt. Aber...

---

172 Ebd. S. 202
173 Ebd. S. 202-203
174 Ebd. S. 203
175 Hugo von Hofmannsthal: Der Tor und der Tod. S. 204-205

Claudio:	Nun?
Diener:	Jetzt sitzen sie im Garten. Auf der Bank, Wo der sandsteinerne Apollo steht, Ein paar im Schatten dort am Brunnenrand, Und einer hat sich auf die Sphinx gesetzt. Man sieht ihn nicht, der Taxus steht davor.[176]

Claudios Diener findet keine Erklärung für die seltsamen Vorgänge: Unheimliche Gestalten haben trotz der eigens von ihm verschlossenen Tür den Garten betreten, sich im Lusthaus versteckt und sitzen mittlerweile im Garten, der ebenfalls mit Kunstgegenständen vollgestellt ist. Obwohl Claudio noch immer nicht interessiert ist, fragt er kurz nach, um in seiner gewohnten Position als Hausherr Anweisungen geben zu können. Doch die Schilderungen des Dieners werden immer eigenartiger und Claudio ist in seiner nachdenklich-abwesenden Stimmung nicht in der Lage, ernsthaft auf die phantasievoll wirkenden Beschreibungen zu reagieren:

Diener:	Einige. Allein auch Frauen. Nicht bettelhaft, altmodisch nur von Tracht, Wie Kupferstiche angezogen sind. Mit einer solchen grauenvollen Art, Still dazusitzen und mit toten Augen Auf einen wie in leere Luft zu schauen, Das sind nicht Menschen. Euer Gnaden sei'n Nicht ungehalten, nur um keinen Preis Der Welt möchte ich in ihre Nähe gehen. So Gott will, sind sie morgen früh verschwunden; Ich will – mit gnädiger Erlaubnis – jetzt Die Tür vom Haus verriegeln und das Schloß Einsprengen mit geweihtem Wasser. Denn Ich habe solche Menschen nie gesehen, Und solche Augen haben Menschen nicht.
Claudio:	Tu, was du willst, und gute Nacht.[177]

Zunächst erscheinen die Schilderungen des Dieners sonderbar. In einer epischen Funktion schildert er nicht überprüfbare Ereignisse aus dem Garten, wobei ihn seine, durch die Inszenierungsanweisungen vorgegebene, emotionale Reaktion in Form von wirklicher Angst und seine Beharrlichkeit zwar glaubwürdig erscheinen lassen, die Schilderungen jedoch trotzdem eigenartig und eher verrückt klingen: Seltsame Gestalten mit toten Augen, die nicht wie Menschenaugen aussehen, in veralteter Kleidung, problemlos die geschlossene Gartentür überwindend, um dann in einem Garten voller toter Kunstgegenstände in die Luft zu schauen – das wirkt wenig glaubwürdig und macht keinen Sinn, ruft jedoch durch die wiederholte Beschreibung der Leblosigkeit dieser Gestalten eine unerwünschte und unerklärliche Ahnung hervor, die vermuten lässt, dass diese seltsamen Gestalten nicht zufällig in diesem Garten sitzen, sondern aus einem besonderen Grund die altertümliche Kleidung tragen und tot in die Luft starren. Eine Erklärung bleibt jedoch vorerst aus.

---

176 Ebd. S. 205-206
177 Ebd. S. 206

4. Aspekte des Phantastischen im lyrischen Drama des Fin de siècle

Auch Claudio weiß keine bessere Lösung als dem Grauen des Dieners mit Gleichgültigkeit zu begegnen und ihm die vorgeschlagenen Schutzmaßnahmen zu gestatten. Wieder allein ist er einen Moment nachdenklich und die Bedeutung der gehörten Schilderungen verkennend kann er das plötzlich einsetzende Geigenspiel, das laut Inszenierungsanweisung *zuerst ferner, allmählich näher, endlich warm und voll, als wenn es aus dem Nebenzimmer dränge*[178] zu hören ist, nicht zuordnen und durchlebt, auf seltsame Weise von der Musik angesprochen, eine unbekannte Gefühlsstimmung irgendwo zwischen Bedauern und Hoffen:

    Claudio: Musik?
                   Und seltsam zu der Seele redende!
                   Hat mich des Menschen Unsinn auch verstört?
                   Mich dünkt als hätt ich solche Töne
                   Von Menschengeigen nie gehört...
                   (Er bleibt horchend gegen die rechte Seite gewandt)
                   In tiefen scheinbar langersehnten Schauern
                   Dringt's allgewaltig auf mich ein;
                   Es scheint unendliches Bedauern;
                   Unendlich Hoffen scheints zu sein,
                   Als strömte von den alten, stillen Mauern
                   Mein Leben flutend und verklärt herein.
                   [...]
                   Wie fühlt ich mich beseelt und tief entzückt,
                   Ein lebend Glied im großen Lebensringe![179]

Das plötzliche Geigenspiel mit einer unerklärlichen Gewaltigkeit empfindend erinnert sich Claudio an die Zeiten seiner Kindheit und frühen Jugend, in der er noch in der Lage war, sich durch die Verbindung zur Natur und in der Zwischenmenschlichkeit mit dem Leben zu verbinden, ein Teil von ihm zu sein. Doch die Musik, in der Claudio *Göttlich-Menschliches*[180] spürt und die ihn an das wirkliche, leidende Leben erinnert, nach dem er sich seit langem sehnt, verstummt plötzlich und Claudio kehrt mit seiner Schlussfolgerung, ein Bettelmusikant sei Urheber des Geigenspiels und werde ihn jetzt um Geld bitten, zum sachlichen Denken zurück.

Als er jedoch nach dem Musiker Ausschau hält, werden die ungewissen, seltsamen und irgendwie verrückt klingenden Schilderungen des Dieners in Verbindung mit der Symbolik des Geigenspiels zur grauenvollen Gewissheit der Todesnähe, die in den Inszenierungsanweisungen durch die eindeutige Benennung des Eintretenden offenbar wird: *Wie er nach der Tür rechts geht, wird der Vorhang leise zurückgeschlagen, und in der Tür steht der Tod, den Fiedelbogen in der Hand, die Geige am Gürtel hängend. Er sieht Claudio, der entsetzt zurückfährt, ruhig an.*[181]

---

178   Hugo von Hofmannsthal: Der Tor und der Tod. S. 206
179   Ebd. S. 207
180   Ebd. S. 208
181   Hugo von Hofmannsthal: Der Tor und der Tod. S. 208

Das anrührende, Hoffnungsgefühle weckende Geigenspiel stammt offensichtlich vom Tod höchstpersönlich, den Claudio in höchster Angst und voller Grauen sofort erkennt. In nacktem Entsetzen wird der Anblick des Todes für ihn zur absoluten Qual, die nicht mehr zum wunderschönen Geigenspiel passt und die Claudio so schnell wie möglich beenden will, so das er den Tod immer wieder auffordert zu gehen:

Claudio: Was packt mich sinnlos namenloses Grauen!
Wenn deiner Fiedel Klang so lieblich war,
Was bringt es solchen Krampf, dich anzuschauen?
Und schnürt die Kehle so und sträubt das Haar?
Geh weg! Du bist der Tod. Was willst du hier?
Ich fürchte mich. Geh weg! Ich kann nicht schrein.
(Sinkend)
Der halt, die Luft des Lebens schwindet mir!
Geh weg! Wer rief dich? Geh! Wer ließ dich ein?[182]

Vom plötzlichen Ohnmachtsanfall Claudios unbeeindruckt stellt der Tod sich vor und verdeutlicht seine Allgegenwärtigkeit im Leben.
Während die traditionelle Vorstellung des fiedelnden Todes übernommen wird, erscheint der Tod hier nicht als erschreckendes, schauerliches Gerippe (vgl. Abb. 6, S. 61) – dieser Tod behält den schönen, ergreifenden Aspekt des Geigenspiels und verliert den schrecklichen des Skeletts.
Das genaue Aussehen des Todes wird auch in den Inszenierungsanweisungen nicht vorgegeben, jedoch hängt seine Geige an einem Gürtel, so dass die Vermutung nahe liegt, dass hier ein bekleideter Tod den Raum betritt, dessen Anblick, nach der Reaktion Claudios zu urteilen, für einen Menschen entsetzlich ist.
Der Tod selbst beschreibt sich in seiner Verknüpfung zum Leben als Gott der Seele:

Der Tod: Steh auf! Wirf dies ererbte Grauen von dir!
Ich bin nicht schauerlich, bin kein Gerippe!
Aus des Dionysos, der Venus Sippe,
Ein großer Gott der Seele steht vor dir.
Wenn in der lauen Sommerabendfeier
Durch goldne Luft ein Blatt herabgeschwebt,
Hat dich mein Wehen angeschauert,
Das traumhaft um die reifen Dinge webt;
Wenn Überschwellen der Gefühle
Mit warmer Flut die Seele zitternd füllte,
Wenn sich im plötzlichen Durchzucken
Das ungeheure als verwandt enthüllte,
Und du, hingebend dich im großen Reigen,
Die Welt empfingst als dein eigen:
In jeder wahrhaft großen Stunde,
Die schauern deine Erdenform gemacht,
Hab ich dich angerührt im Seelengrunde
Mit heiliger, geheimnisvoller Macht.[183]

---

182 Ebd. S. 208-209
183 Hugo von Hofmannsthal: Der Tor und der Tod. S. 209

Claudio wird aus seiner Stimmung voller Sehnsucht nach Leben vom leibhaftigen Tod herausgerissen, der als personales phantastisches Moment in das Studierzimmer eindringt und sich als geheimnisvolle, heilige Macht der Seele vorstellt, die von Geburt an ein unbekannter Teil des Menschen ist.
Lediglich durch ererbte Traditionen bekannt, ist der Tod für ihn besonders in dieser Form ein fremder und unerwarteter Eindringling, der ihn ängstigt und schockiert. Den Grund für das Kommen des Todes erfassend, beginnt Claudio, nachdem er das erste Entsetzen überwunden hat, eine Diskussion, in der er dem Tod verdeutlichen will, dass er niemals wirklich gelebt habe und nun durch das Zusammenspiel der vorangegangenen Erkenntnisse und des angstvollen Erschreckens erst dazu in der Lage sei, das versäumte Leben nachzuholen.
In höchster existentieller Angst beginnt Claudio das Leben nicht nur zu reflektieren, sondern in der Angst des Verlustes auch zu empfinden, so dass er den fremden Eindringling um eine zweite Chance anfleht, um nur einmal wirklich als liebender und leidender Mensch auf dieser Erde gelebt zu haben:

>   Claudio: Ich aber bin nicht reif, drum laß mich hier.
>   Ich will nicht länger töricht jammern,
>   Ich will mich an die Erdenscholle klammern,
>   Die tiefste Lebenssehnsucht schreit in mir.
>   Die höchste Angst zerreißt den alten Bann;
>   Jetzt fühl ich – laß mich – daß ich leben kann![184]

Dermaßen von Claudio provoziert ruft der Tod einen Totenreigen in Claudios Studierzimmer, der ihm, durch den Auftritt von drei, in Claudios Leben zentralen Menschen, seine sinnlose, leere Existenz zeigt. Dadurch wird der Tod für Claudio zum Deuter des Lebens[185], der ihm die selbstverschuldete Lebensunfähigkeit vor Augen führt.
Als willenlose Zeugin der Anklage tritt zuerst Claudios Mutter aus der Tür. Sie trägt *ein langes schwarzes Samtkleid, eine schwarze Samthaube mit einer weißen Rüsche, die das Gesicht umrahmt*[186], hält in den *feinen blassen Fingern ein weißes Spitzentaschentuch*[187] und *geht lautlos im Zimmer umher.*[188]
Am Ende ihres Monologs, der ihr Mutterleben als Plage, Sorge und Schmerz beschreibt, erklärt sie sich selbst als auftretende Tote, die das Leben verlassen musste – ein Leben, das sie in ihrer Erinnerung süß und schmerzlich zugleich empfindet und nach dem sie sich auch als Tote noch immer sehnt:

---

184 Ebd. S. 211
185 vgl. Mohammed Anâm: Hugo von Hofmannsthal und Maurice Maeterlinck. S. 71
186 Hugo von Hofmannsthal: Der Tor und der Tod. S. 212-213
187 Ebd. S. 213
188 Ebd.

Abbildung 6: Arnold Böcklin – Selbstbildnis mit fidelndem Tod

Die Mutter: [...]
Aber mir ist nicht gegönnt,
Der süß beklemmend, schmerzlich nährenden,
Der Luft vergangenen Lebens mehr zu atmen.
Ich muß ja gehen, gehen.....[189]

Auch die ehemalige Geliebte Claudios, die nun vom Tod in einem einfachen *geblümten Kleid*[190], *Kreuzbandschuhen*[191] und *um den Hals ein Stückchen Schleier*[192] in Claudios 'Lebensgericht' gerufen wird, lässt keinen Zweifel an ihrem Todeszustand, den sie nach einem langen, öden Leben als willkommene Gnade empfangen hat:

Junges Mädchen: [...]
Viel später erst,
Nach langem, öden Elend durft ich mich
Hinlegen, um zu sterben. Und ich bat,
In deiner Todesstund bei dir zu sein.
[...][193]

Als letzter Zeuge in Claudios Lebensprozess betritt ein früherer Freund den Raum und bietet einen schockierenden Anblick: *Er trägt einen unordentlichen, bestaubten Reiseanzug. In seiner linken Brust steckt mit herausragendem Holzgriff ein Messer.*[194] Auch er identifiziert sich zusätzlich zu seinem eindeutigen Aussehen durch die Beschreibung seines eigenen Mordes eindeutig als Toter:

Der Mann: Ja, für ein Hohes trieb mich mein Geschick
In dieser Mörderklinge herben Tod,
Der mich in einen Straßengraben warf,
Darin ich liegend langsam moderte
[...][195]

In dieser kurzen Spiel-im-Spiel-Szene, dessen Regisseur der leibhaftige Tod in einer belehrenden Funktion ist, finden sich die personalen Strukturen des Phantastischen, die Hugo von Hofmannsthals „Der Tor und der Tod" bestimmen. Erneut ist es das Überschreiten der unanfechtbar existierenden und immer wieder verdrängten Grenze zwischen Leben und Tod, welches das unbekannte, unvorstellbare und beängstigende Gebiet in das Leben der Figuren und in das Blickfeld des Rezipienten bringt.

Dabei findet sich das Phantastische in diesem Drama weniger in der Unschlüssigkeit über die dargestellten Ereignisse, als in den Erkenntnissen über den Tod und das Totenreich, das als uneinsichtiges, gefürchtetes Gebiet außerhalb der realen Lebenswirklichkeit steht und in der menschlichen Vorstellung eine unbegreifliche, existentielle Bedrohung suggeriert, falls der Mensch überhaupt bereit

---

189 Ebd. S.214
190 Ebd. S. 215
191 Ebd.
192 Ebd.
193 Ebd. S. 216
194 Ebd. S. 218
195 Ebd.

ist, sich in seiner Vorstellung mit dem Gebiet des Todes und somit auch des eigenen Todes und einer ungewissen Existenz nach eben diesem auseinanderzusetzen.

Die phantastischen Strukturen bieten Erkenntnisse, die dem Menschen Zeit seines Lebens verwehrt bleiben: Es gibt einen Tod, der bekleidet und Geige spielend nur zum Teil den traditionellen Vorstellungen entspricht und mit einem für den Menschen entsetzlichen Anblick in das reale Leben einbricht, um die Menschen in das Totenreich zu geleiten, wo sie anscheinend körperlich in dem Zustand zum Zeitpunkt ihres Todes, blass und mit seltsamen Augen weiterexistieren. Es scheint eine dumpfe, leblose, auf den ersten Blick kaum erstrebenswerte Existenz der Toten zu sein.

Diese Toten führt der fidelnde Tod auch für menschliche Augen sichtbar durch die Straßen, während er seine einzelnen Stationen besucht, wobei die Angehörigen dieses Totenreigens sich teilweise verstecken, teilweise teilnahmslos durch, im wahrsten Sinne des Wortes, tote Augen in den Himmel schauen, während sie auf ein weiteres Glied in ihrer Reihe warten.

Bezogen auf diese seltsamen Erscheinungen im Garten verdeutlichen Claudio und sein Diener eindrücklich die Relativität phantastischer Erscheinungen: Die bedrohlichen Schilderungen des Dieners können den intellektuellen Ästheten, der das Leben von außen beurteilt, aber nicht zwischenmenschlich mit ihm verbunden ist, kaum schockieren, während der traditionell-gläubige Diener in großem Schrecken alle in seiner Weltvorstellung erdenklichen Maßnahmen ergreift, um sein Leben zu schützen.

Claudios überhebliche Distanz vom Leben kann nur durch die direkte Nähe des Todes durchbrochen werden. Erst durch die direkte Konfrontation hat der Fremde für ihn eine verstörende, erschreckende und Angst einflößende Wirkung, die seinen Diener schon bei den ersten unbehaglichen Ahnungen überkommt.

Die sehr ungenauen, vagen Informationen, die der Tod und seine Toten in diesem Drama geben, beschreiben einen Bereich, der wohl zu den meistverdrängtesten der Menschheit gehört und schenken in ihrer Aussage keine befreiende Hoffnung, denn Claudios Diskutieren und Flehen bleibt trotz aller ehrlichen Eingeständnisse und lebensnotwendigen Erkenntnisse sinnlos, die auftretenden Toten vermitteln nicht wirklich das Gefühl einer schönen Existenz nach dem bekannten Leben und auch der Tod gibt in ehrlicher Bewunderung für den Optimismus des menschlichen Wesens eine düstere Vorahnung von seinem rätselhaften Reich, das als das Ewig-Dunkle die letzte Station des Menschen zu sein scheint:

Der Tod: Wie wundervoll sind diese Wesen,
Die, was nicht deutbar, dennoch deuten,
Was nie geschrieben wurde, lesen,
Verworrenes beherrschend binden
Und Wege noch im Ewig-Dunkeln finden.[196]

Die Beschreibungen der phantastischen Strukturen dieses Dramas verdeutlichen mögliche Gründe für die Beobachtungen Freuds, der den auffälligen Rückgang

---

196 Hugo von Hofmannsthal: Der Tor und der Tod. S. 220

personaler phantastischer Momente zugunsten ereignishafter Strukturen anmerkt (vgl. 2.1.4., S. 13-15). Über die möglichen Reaktionen eines Publikums des 20. Jahrhunderts spekulierend erscheint es schwierig, den Geige spielenden, entsetzlichen Tod, den toten Freund, der mit einem Messer im Körper auftritt, und den Rest des blassen Totenreigens als schreckhafte Wesen des Jenseits zu lesen oder zu inszenieren.

Das wirkliche Entsetzen weicht hier wohl eher einem verständnisvollen Schaudern oder einer kurzzeitigen, befremdlichen Verstörung. Der Grund dafür liegt in dem herausragenden symbolischen Charakter des Stückes, der dem düsteren, hoffnungslosen Tod und den toten Gestalten mit einem zentralen Paradoxon gegenüber steht:

> Claudio: Da tot mein Leben war, sei du mein Leben, Tod![197]

Die existentielle Bedrohung seines ungelebten Lebens wird für Claudio zur Erkenntnis des eigentlichen Lebens, dass er nun reicher und erfüllender als zuvor in die letzten Minuten vor seinem Tod presst, um dem Nichtsein zu entgehen. Dieses Nichtsein realisiert Claudios überwacher Sinn in der Erkenntnis seiner eigenen Lebenssituation problemlos als die eigentliche, letzte, existentielle Gefahr, die nicht so sehr von dem personifizierten Tod an sich, sondern von dem Zeitpunkt seines Erscheinens ausgeht. Diesen Zeitpunkt versucht Claudio verzweifelt und mit letzter, lebensbejahender Kraft hinauszuzögern. Jendris Alwast verdeutlicht die Situation Claudios:

> Nun kann man sterben nur, entweder mit dem Blick auf die Zukunft in Hoffnung oder mit dem Blick auf die Vergangenheit im Bewußtsein eines erfüllten Lebens oder in gegenwärtiger Seinsgewißheit in absoluter Entscheidung. Claudio aber hat weder eine Jenseitshoffnung, die ihm den Tod als Grenze, als bloßen Übergang zwischen verschiedenen Daseinsformen zu deuten gestatten ließe, noch steht er in dem Urgrundvertrauen des erfüllten Lebens, aus dem ihm Ruhe und Gelassenheit angesichts des Todes zufließen könnte, noch auch kann er jetzt in gegenwärtiger unbedingter existentieller Entscheidung im Berühren von Transzendenz Seinsgewißheit erlangen, die den Schrecken des Nichtseins bannen würde. So bricht in dieser Situation der „höchsten Angst" der Lebenswille durch, das versäumte Leben durch Nachholen zu revidieren, die Möglichkeiten zu verwirklichen, das Geschick auszutragen, um dem drohenden Nichtsein zu entfliehen.[198]

Die dargestellten phantastischen Strukturen zeigen die düsteren und trotz des Einblicks ungewiss bleibenden Darstellungen der *andere[n] Seite des Lebens*[199], während im symbolischen Gehalt des Stückes eben dieser Tod durch die Erkenntnis eines Ästheten über sein ungelebtes Leben in sein Gegenteil verkehrt wird. Zwischen diesen beiden Gegensätzen findet sich der beherrschende phantastische Aspekt des Stückes, der weder personaler noch ereignishafter Natur ist: das Nichtsein. Die Vorstellung vom Nichtsein ist die zentrale, alles ergreifende Angst, die Claudio zu der Erkenntnis des Lebens im Tod bringt. Das Nichtsein,

---

197 Ebd. S. 219
198 Jendris Alwast: Die Spannung von Welt und Mensch in den Lyrischen Dramen Hugo von Hofmannsthals. S. 26
199 Evelyn Schels: Die Tradition des lyrischen Dramas von Musset bis Hofmannsthal. S. 204

weder im Leben noch im Tod, übersteigt die existentielle Angst, die der Tod hervorruft, weil es nicht nur das Leben beendet, sondern von vornherein negiert. Nichtsein heißt niemals gelebt zu haben, eine Vorstellung, die für den Menschen unvorstellbar, verstörend und beängstigend gegen jede Lebenswirklichkeit verstößt.

4.2.2.2 Der Kaiser und die Hexe

Als teuflisch erscheint hier, was [...] im „Tor und Tod" als das «schöne Leben», der «ästhetische Schein» auftrat. Aber der Unterschied ist in Wahrheit nicht groß. Denn sowenig das Verführerische und Verderbliche an der Kunst dort übersehen wurde, sowenig ermangelt das Teuflische, dem sich der Kaiser entwinden muß, der Schönheit: Die Hexe ist seine Personifikation [...].[200]

Die bereits in Hofmannsthals „Der Tor und der Tod" zentrale, selbstverschuldete Lebensvergeudung an den Ästhetizismus zeigt sich in dem Drama „Der Kaiser und die Hexe" im Kampf des Kaisers mit dem personalen phantastischen Element der wunderschönen, verführerischen Hexe, deren unverbindlicher Liebe und Erotik der Kaiser sieben Tage lang widerstehen muss, um für immer von ihr befreit zu sein:

Der Kaiser: [...]
Sieben Tage, wenn ich dich
Nicht berührt! Dies ist der letzte!
Diese Sonne dort im Wipfel,
Nur so wenig muß sie fallen,
Nur vom Wipfel bis zum Boden,
Und hinab in ihren Abgrund
Reißt sie dich, und ich bleib hier!
Sieben Tag und sieben Nächte
Hab ich deinen Leib nicht anders
Als im Traum berührt – der Traum
Und der Wahnsinn wacher Träume
Steht nicht in dem Pakt! – mit Händen
Und mit Lippen nicht den Leib,
Nicht die Spitzen deiner Haare
Hab ich angerührt in sieben
Tag ... und Nächten ... Traum ist nichts! ...
Wenn die Sonne sinkt, zerfällst du:
Kröte! Asche! Diese Augen
Werden Schlamm, Staub wird dein Haar,
Und ich bleibe, der ich war.[201]

Das Drama schildert den letzten der sieben Tage, an dem der Kaiser vier Mal den Versuchungen der auftretenden Hexe widerstehen muss. Diese erhält zwar durch ihre Namensgebung im Drama – „Die Hexe" – und durch den seltsamen Pakt mit dem Kaiser, der nur von ihr erlöst ist, wenn er sie sieben Tage nicht berührt, einen mystischen Anklang, erscheint jedoch vorerst weder schockierend oder be-

---

200 Peter Szondi: Das lyrische Drama des Fin de siècle. S. 307
201 Hugo von Hofmannsthal: Der Kaiser und die Hexe. S. 259

ängstigend noch seltsam oder verstörend, wenn sie den Kaiser *jung und schön, in einem durchsichtigen Gewand, mit offenem Haar*[202] an die vergangenen, gemeinsamen Stunden erinnert:

> Die Hexe: Nicht besinnen? Nicht auf mich?
> Nicht auf uns? Nicht auf die Nächte?
> Auf die Lippen nicht? Die Arme?
> Auf mein Lachen, auf mein Haar?
> Nicht besinnen auf was war?
> Und auf was, einmal verloren,
> Keine Reue wiederbringt...?[203]

Während die Hexe in der Erinnerung an die vielen, schönen gemeinsamen Stunden dem Kaiser die Leere eines Lebens ohne ihre Gegenwart ausmalt, erkennt dieser, dass er der Versuchung noch lange nicht gewachsen ist, und ruft *die Hand vor den Augen*[204] nach seinem Kämmerer, nach Wachen, nach Menschen, die ihn vor der stärker werdenden Versuchung bewahren. Erst in diesem Dialog wird die Besonderheit der bisher lediglich schönen Hexe offenbar:

> Die Hexe: Brauchst die Wachen, dich zu schützen,
> Armer Kaiser, vor dir selber?[205]

In ihrem Eigenkommentar wird sie zur Personifizierung der eigenen dämonischen Kräfte des Kaisers, die, aus ihm selbst entstanden, übermächtig erscheinen.[206]
Die Hexe ist ein Teil seines eigenen Wesens und sie zu bekämpfen, führt den Kaiser zu der inneren Zerrissenheit, die es ihm unmöglich macht, diesen Kampf aus eigener Kraft zu gewinnen, der Verführung ohne fremde Hilfe zu widerstehen. In einem Anfall verzweifelter Eifersucht, hervorgerufen durch die Erinnerung an ein vergangenes Erlebnis, an dasselbe verführerische, ihn ausschließende Lachen, wird er sich seinem hilflosen Ausgeliefertsein an die eigenen dämonischen Sehnsüchte bewusst, die sich nach Erfüllung durch die Hexe verzehren:

> Der Kaiser: Nicht dies Lachen!
> Einmal hat sie so gelacht...
> Was dann kam, ich wills nicht denken!
> Hexe, Hexe, Teufelsbuhle,
> Sehn! Ich will dich sehn, ich will nicht
> Stehn wie damals vor dem Vorhang.
> Gottes Tod, ich wills nicht denken!
> Faune, ekelhafte Faune
> Küssen sie! Die weißen Hände
> Toter, aus dem Grab gelockter
> Heiden sind auf ihr, des Paris
> Arme halten sie umwunden:

---

202 Hugo von Hofmannsthal: Der Kaiser und die Hexe. S. 258
203 Ebd. S. 259
204 Ebd. S. 261
205 Ebd.
206 vgl. Jendris Alwast: Die Spannung von Welt und Mensch in den Lyrischen Dramen Hugo von Hofmannsthals. S. 37

> Ich ertrag es nicht, ich reiße
> Sie hinweg!²⁰⁷

Diese Hexe scheint soeben laut lachend die Gegenwart von lüsternen Menschen sowie toten Heiden zu genießen und bevor der verletzte, eifersüchtige Kaiser in das von ihm vermutete Geschehen eingreifen kann, hindert ihn der zuvor herbeigerufene Kämmerer durch sein plötzliches Auftreten im letzten Moment daran, der übermächtig gewordenen Versuchung nachzugeben.

Der Kämmerer findet seinen Kaiser in einem verwirrten, entrückten Zustand, der offensichtlich auf die extremen seelischen Strapazen in der schweren Entscheidung zwischen dem wahren Leben eines guten Herrschers und Familienvaters, das er nur durch die endgültige Trennung von der wunderschönen, dämonischen Hexe erreichen kann, oder dem Leben in einer mystisch-erotischen Scheinwelt ohne jede reale zwischenmenschliche Beziehung, wie es ihm die Hexe bietet, zurückzuführen ist:

> Der Kaiser: Was? Und was? Wer schickt dich her?
> Tarquinius: Herr, es war, als ob du riefest
>   Nach dem Kämmrern, dem Gefolge.
> Der Kaiser: (nach einer langen Stille)
>   Rief ich und du hörtest, gut.
>   [...]²⁰⁸

Noch immer dem Lachen und Flüstern der Hexe hinterher hörend, entsinnt der Kaiser sich in der Gewissheit, allein machtlos gegen die eigene dämonische Kraft zu sein, des eigentlichen Lebens und ordert seinen gesamten Hof in den Wald, um gemeinsam mit seiner Frau und seinem Kind den erlösenden Sonnenuntergang zu erwarten. Als Tarquinius ihn verlassen will, um seinen Befehlen Folge zu leisten, gerät der Kaiser in Angst und verdeutlicht erneut seine Hilflosigkeit, indem er dem erstaunten Diener die unerklärliche Stärke ihrer Anziehungskraft schildert:

> Der Kaiser: [...]
>   Bis die Sonne ... wohin gehst du?
> Tarquinius: Herr, zu tun, was du befahlst,
>   Deinen Hof hierher zu rufen.
> Der Kaiser: (halblaut)
>   Wenn sie kommt vor meinen Hof,
>   Sich zu mir hinschleicht und flüstert
>   Und die Scham hält mich, ich muß
>   Ihren Atem fühlen, dann
>   Wird es stärker sein als ich!
>   Bleib bei mir, es kommen andre.
>   Du bleib da. Ich will mit dir
>   Reden, bis die andern kommen.
>   [...]²⁰⁹

---

207 Hugo von Hofmannsthal: Der Kaiser und die Hexe. S. 261-262
208 Ebd. S. 262
209 Hugo von Hofmannsthal: Der Kaiser und die Hexe. S. 263

Die erste Versuchung des Kaisers zeigt die überwältigende Macht der Hexe, die als personifizierter 'Dämon der unverbindlichen Schönheit' aus ihm selbst entstanden ist und ihn vom wirklichen Leben in zwischenmenschlicher Nähe und Verantwortung fernhält. Es ist ein zerrissenes Leben, das einerseits zum weltlichen Leben gehört, andererseits weit von ihm entfernt, wie durch einen unsichtbaren Vorhang von diesem getrennt scheint. Dieses Leben ist ein lebloses Spiel, in dem der Kaiser unfähig ist, auf die Wahrheit des wirklichen Lebens zu reagieren und eine Verbindung zu seinen Wünschen und Pflichten herzustellen:

> Der Kaiser: [...]
> Und von dem dir gleichen Leben
> Bist du wie vom Grab umgeben,
> Kannst den Klang der Wahrheit hören,
> So wie Hornruf von weither,
> Doch erwidern nimmermehr;
> Was du sprichst, kann nur betören,
> Was du siehst, ist Schattenspiel,
> Magst dich stellen, wie du willst,
> Findest an der Welt nicht viel,
> Wandelst lebend als dein Grab,
> Hexen deine Buhlerinnen...
> [...][210]

Während der Kaiser im Nachsinnen über sein eigenes Leben, in dem er die Wahrheit nur von Weitem erahnen kann und voll mit schönen Lügen das wahre Menschenschicksal sieht, aber nicht fühlt, dessen Wirklichkeitsferne erkennt, verlässt Tarquinius ihn für einen kurzen Moment. Diesen nutzt die Hexe für eine erneute Versuchung: Ohne sie leibhaftig zu sehen, wird der Kaiser allein durch ihre Stimme, die ihn aus dem Gebüsch auffordert sie zu umschlingen, völlig machtlos und in einem weiteren Anfall von überwältigender Eifersucht wählt er, dem Wahnsinn nahe, erneut die letzte Möglichkeit, um dieser übergroßen Versuchung zu widerstehen, indem er mit sinkenden Armen und verzweifelter Zurückhaltung seine letzte Kraft sammelt und nach Menschen schreit:

> Der Kaiser: Redet sie zu mir? zu einem
> Andern? Ich ertrag es nicht!
> Hat sie alles noch mit andern,
> Wie mit mir? Dies ist so furchtbar,
> Daß es mich zum Wahnsinn treibt...
> Alles ist ein Knäul, Umarmung
> Und Verwesung einerlei,
> Lallen von verliebten Lippen
> Wie das Rascheln dürrer Blätter,
> Alles könnte sein, auch nicht...
> (Die Arme sinken ihm herunter, seine Augen sind starr zu Boden gerichtet. Er rafft sich auf und schreit)
> Menschen, Menschen, ich will Menschen![211]

---

210 Ebd. S. 265-266
211 Hugo von Hofmannsthal: Der Kaiser und die Hexe. S. 269

In dem übergroßen Verlangen des Kaisers sich von der weltentfremdenden Hexe, die er zugleich liebt und hasst, loszusagen und das Leben als würdiger Herrscher wahrzunehmen, führt sein einzig möglicher Weg über die ständige Anwesenheit von diesem Leben zugehörigen Menschen, die ihn davon abhalten, den übermächtigen Verführungen der Hexe nachzugeben, und die ihn mit Gesprächen und Aufgaben von der Wichtigkeit dieser wenigen letzten Stunden vor dem Sonnenuntergang ablenken.

In diesem Sinne scheint die Gefahr in den nachfolgenden Ereignissen, während der Begnadigung und Berufung des Lydius, vorerst gebannt, bis der angespannte Kaiser, wieder allein und seinen eigenen dämonischen Sehnsüchten ausgeliefert, seinen Dolch einer ihn umkreisenden Taube hinterher in ein Gebüsch wirft. *Die Hexe, angezogen wie ein Jägerbursch, taumelt hervor. Sie preßt die Hände auf die Brust und sinkt am Rand eines Gebüsches rechts nieder.*[212]

Anscheinend hat die Hexe sich dem Kaiser in Gestalt der Taube genaht und verwandelt sich unter der tödlichen Verletzung in ihre eigentliche Gestalt bzw. in das, was ihre eigentliche Gestalt zu sein scheint, zurück. Taktisch versucht sie nun, den Kaiser mit seinen eigenen Waffen zu schlagen und die verbotene Berührung über den Dienst des Mitleids zu erlangen. Dabei zeigt sie ihre feminine Wandelbarkeit, die im Verlauf des Dramas immer wieder zwischen erotisch-verführerisch, wütend-verletzt, berechnend-traurig bis *sanft wie ein Kind*[213] und zahlreichen anderen Facetten ihres Wesens wechselt:

> Die Hexe: Lieber, schlägst du mir mit Eisen
> Rote Wunden, blutig rote
> Neue Lippen? Dort wo deine
> Lippen lagen oft und oft!
> Weißt du alles das nicht mehr?
> So ist alles aus? Leb wohl,
> Aber deiner nächsten Freundin,
> Wenn ich tot bin, sei getreuer,
> Und bevor du gehst und mich
> Hier am Boden sterben lässest,
> Deck mir noch mit meinen Haaren
> Meine Augen zu, mir schwindelt![214]

Mit dieser Bitte versucht die Hexe trickreich den Kaiser zu überlisten, indem sie genau das von ihm verlangt, was er durch die Trennung von ihr erreichen will: das Leben und die Menschen mit ihren Schicksalen wahrzunehmen und darauf zu reagieren, kurz, verantwortungsbewusst und weltoffen zu leben, wie es für einen Kaiser erstrebenswert scheint.

Der geschickte Verführungsversuch der Hexe scheint aufzugehen, denn der Kaiser ist nicht in der Lage, der verhassten Geliebten diesen letzten Dienst abzuschlagen und hebt die Hände, um sie endlich wieder zu berühren, als plötzlich die *dem Untergang nahe Sonne den ganzen Waldrand mit Licht und den rötlichen*

---

212 Ebd. S. 275
213 Ebd. S. 276
214 Ebd.

Schatten der Bäume [überschüttet]. Der Kaiser schaudert zurück, richtet sich auf, geht langsam, die Augen auf ihr, von ihr weg; sie liegt wie tot.[215]
Diesmal ist es das abendliche Naturereignis, das den Kaiser im letzten Moment vor der drohenden Hingabe an die Hexe rettet, nach der er sich in einem kaum auszuhaltenden Zustand des Entzugs voller Eifersucht sehnt, dessen Gefahr ihm aber wiederum voll bewusst ist. Während er scheinbar gerettet und leidend zugleich ihren regungslosen Körper betrachtet und über seine weitere Vorgehensweise nachdenkt, benennt er deutlich die Unmenschlichkeit dieses Wesens:

    Der Kaiser: Tot! Was ist für diese Wesen
                    Tot? [...][216]

Schließlich verfährt er mit dem regungslosen Körper der Hexe ebenso wie er es mit dem toten Körper eines Menschen tun würde, indem er einem armen Arbeiter, der sich zufällig in der Nähe aufhält, befiehlt, sie vorerst zu verstecken und in der Nacht unbemerkt an einer Stelle zu begraben, die niemand wieder findet. So glaubt er, die Hexe für immer aus seinem Leben verbannen zu können. Nachdem der arme Mann die Befehle des Kaisers ausgeführt hat, stellt dieser ungläubig fest, dass er schon vor Ende des siebten Tages über die Hexe und ihre übermächtige Anziehungskraft gesiegt zu haben scheint. In der nun folgenden Begegnung mit dem alten blinden Mann, der sich als ehemaliger Herrscher des Reiches entpuppt, beweist der Kaiser seine langsam zurückkehrende Fähigkeit, das Leben, die Menschen um ihn herum und dessen Schicksale wahrzunehmen sowie handelnd auf diese zu reagieren.

Das zurückgewonnene und neue Leben, für das der Kaiser sich selbst, seine eigenen Sehnsüchte immer wieder bekämpft hat, versetzt ihn in freudige Laune und während er fast schon plaudernd seine Freude Tarquinius mitteilt, nähert sich von hinten die für immer tot geglaubte Hexe. *Sie trägt das Gewand der Kaiserin, in dessen untersten Saum große Saphire eingewebt sind. Über das Gesicht fällt ein dichter goldner Schleier. In der Hand trägt sie eine langstielige goldne Lilie.*[217]

Als Kaiserin verkleidet versucht sie, die ersehnte Berührung zu erreichen, doch der Kaiser, der sich nicht umdreht und sie deshalb nicht erkennt, begegnet ihr unerwartet mit einem Gespräch über die gemeinsamen Kinder voller Zuneigung, Fürsorge sowie Verantwortungsbewusstsein und ohne jede Erotik. Die Hexe erkennt, dass sie ihr Ziel in einem solchen Gespräch, in dem der Kaiser immer wieder eine Antwort erwartet, aber keine körperliche Berührung anstrebt, nicht erreichen kann, und gibt sich, in der Hoffnung, den Moment der Überraschung nutzen zu können, zu erkennen. Als Teil seines eigenen Wesens verdeutlicht sie ihre Abhängigkeit vom Kaiser:

    Die Hexe: (mit ausgebreiteten Armen)
                   Ich kann nicht leben
                   Ohne dich![218]

---

215 Hugo von Hofmannsthal: Der Kaiser und die Hexe. S.276
216 Ebd. S. 277
217 Ebd. S. 291
218 Hugo von Hofmannsthal: Der Kaiser und die Hexe. S. 293

Als der Kaiser nicht auf ihre erneuten Annäherungsversuche eingeht und ihr stattdessen ihre Niederlage vor Augen führt, *schleudert [die Hexe] ihre goldene Lilie zu Boden, die sogleich zu Qualm und Moder zerfällt.*[219] Dieses unerklärliche Zeichen beweist die, aufgrund der Namensgebung bereits vermutete, magische Fähigkeit der Hexe.
Ihrer Wut begegnet der Kaiser gelassen, denn er hat durch die Rettung des Lydius und die Begegnung mit dem früheren Kaiser in das verantwortungsbewusste Leben, das sein Königreich von ihm fordert und von dem die Hexe ihn entfernt hat, zurückgefunden. Die Wirklichkeit ist wieder bestimmender als die dämonische Sehnsucht und der Kaiser kann der letzten Versuchung der Hexe letztendlich ohne fremde Hilfe widerstehen.

    Der Kaiser: Willst du drohen? Sieh ich stehe!
                          Sieh, ich schaue! sieh, ich lache!
                          Diese Flammen brennen nicht!
                          Aber grenzenlose Schwere
                          Lagert sich in dein Gesicht,
                          Deine Wangen sinken nieder,
                          Und die wundervollen Glieder
                          Werden Runzel, werden Grauen
                          Und Entsetzen anzuschauen.[220]

Wie von den Worten des Kaisers (vgl. auch Zitat 201, S. 65) heraufbeschworen, geschieht das Unbegreifliche: Bei den letzten Strahlen der Sonne sinkt die verhasste Hexe *wie von unsichtbaren Fäusten gepackt*[221] zusammen. *Sie schleppt sich ins Gebüsch, schreit gellend auf und rollt im Dunkel am Boden hin. Die Sonne ist fort. Der Kaiser steht, die Augen starr auf dem Gebüsch. Eine undeutliche Gestalt, wie ein altes Weib, humpelt im Dickicht nach rückwärts.*[222] Der herbeigerufene Tarquinius bestätigt die seltsamen Vorgänge:

    Tarquinius: (kommt wieder)
                          Herr, die Wachen
                          Schworen: niemand ging vorüber
                          Als ein runzlig altes Weib,
                          Eine wohl, die Beeren sammelt
                          Oder dürres Holz.[223]

Die unerklärlichen Ereignisse um das personale phantastische Moment in der Figur der Hexe wirken verstörend und fordern die Phantasie auf der Suche nach einer nachvollziehbaren Erklärung. Dabei wird der phantastischen Struktur nicht zwangsläufig von vornherein durch eine übergroße Symbolik des Stückes ihr Schrecken genommen, wie es in „Der Tor und der Tod" teilweise der Fall zu sein scheint, was auf die komplizierte Symbolik der Hexe zurückzuführen ist.[224]

---

219 Ebd. S. 294
220 Ebd. S. 295
221 Ebd.
222 Ebd.
223 Ebd.
224 vgl. Peter Szondi: Das lyrische Drama des Fin de siècle. S. 309-311

Ohne die Kenntnis und das Studium anderer Werke Hofmannsthals erscheint die Hexe vordergründig als phantastisch-mystische Personifizierung einer entfremdenden, Verderbnis bringenden Erotik (vgl. Abb. 7, S.74), die sich in der Vorstellungskraft des Kaisers als dämonische Sehnsucht bildet und in dem übersinnlichen Wesen der Hexe Erfüllung findet.

Dieses Wesen kann bis zum Ende des Dramas berechtigt als menschliches Wesen betrachtet werden, denn vorerst geschieht nichts, was nicht rational begründbar ist, und die übermächtige Anziehungskraft der Hexe scheint vor dem Hintergrund einer vergangenen Liebesbeziehung und mit Blick auf die große Eifersucht des Kaisers nachvollziehbar. Das Gefühl, einem anderen, unbekannten Wesen zu begegnen, entsteht allein durch die beschriebenen mystischen Umstände und den *telling-name*, der ein Magie praktizierendes Wesen impliziert. Dieser Eindruck wird durch die fast magisch wirkende, übergroße Anziehungskraft der Hexe und ihren märchenhaften Anblick verstärkt. Die Selbstcharakteristik der Hexe, in der sie sich als Teil des Kaisers, als Dämon seiner eigenen Seele zu erkennen gibt (vgl. Zitat 205, S. 66), verwirrt besonders, zumal der Kaiser im gesamten Drama der Einzige ist, der die schöne Hexe lebend zu sehen bekommt, für den sie leibhaftig existiert. Die Hexe sowie ihre Beziehung zum Kaiser wirken in der vordergründigen Erinnerung an eine heimliche Liebesbeziehung des verheirateten Kaisers einerseits bekannt und nachvollziehbar, andererseits geheimnisvoll, befremdlich und seltsam magisch.

Diese Ungewissheit, die von der Figur der Hexe und ihrem doppeldeutigen Wesen ausgeht, findet ihren Höhepunkt in den letzten Ereignissen des Dramas, die die Inszenierungsanweisungen vorgeben (vgl. Zitat 221 und 222, S. 71) und die nur noch schwer mit Hilfe von anerkannten wissenschaftlichen Erkenntnissen erklärt werden können. Sie erscheinen besonders in dem Kontext der bisherigen Ereignisse, in denen die Hexe einerseits menschlich, andererseits seltsam und fremd wirkt, magisch: Nachdem die goldene Lilie zu Staub und Moder zerfallen ist, verschwindet die von einer unsichtbaren Macht angegriffene Hexe unter anscheinend körperlichen Schmerzen im Gebüsch und der glaubwürdig erscheinende Tarquinius berichtet, dass die Wachen lediglich eine alte Frau im Dickicht sehen konnten. Mit Blick auf die vorhergehende Prophezeiung des Kaisers schockieren die eigenartigen Vorgänge, deren Verbindung zu den Worten des Kaisers offensichtlich zu sein scheint, denn er beschreibt sowohl zu Beginn des Stückes (vgl. Zitat 201, S. 65) als auch während des letzten Verführungsversuchs der Hexe (vgl. Zitat 220, S. 71) ihren Verfall.

Diese unsichere Atmosphäre des Dramas, die das Gefühl von unbegreiflichen Vorgängen auf körperlicher und seelischer Ebene vermittelt, entsteht in einer mystisch-symbolischen Atmosphäre, in denen fast alle Ereignisse rational erklärbar bleiben.

Dabei bietet das Drama wenige Möglichkeiten der Identifikation, die Todorov als mögliches, aber nicht zwingendes Kriterium anbringt. Die enorme Abhängigkeit des Kaisers wirkt eher befremdend und die vorhergehenden sieben Jahre, auf die eben diese zurückzuführen ist, sind für den Rezipienten nicht präsent. Da der Kaiser jedoch die einzige Figur des Stückes ist, die der Hexe leibhaftig begegnet und die ein Bewusstsein ihrer Existenz besitzt, bietet sich keine andere Möglichkeit, als seinen Schilderungen zu glauben, um ein Verständnis für dieses seltsame Wesen zu entwickeln. Die einzige Informationsquelle des Stückes, die rückblickend und gegenwärtig das Geschehen kommentiert, weist dabei einen seelischen Zustand auf, der von nachdenklich-vertieft über hoffnungslos-verzweifelt, freudig-erregt, schicksalhaft-erkennend bis dem Wahnsinn nahe reicht.

In dieser vordergründigen Betrachtung der Hexe ist sie als phantastisches Moment zu sehen, das durch ihr in den herrschenden Weltvorstellungen nicht existierendes Wesen und ihre undurchsichtige, verhängnisvolle Beziehung zum Kaiser Verstörung und Ungewissheit hervorruft.

Peter Szondi erläutert die hintergründige Symbolik der Hexe, die auf eine biographische Betrachtungsweise zurückzuführen ist, vor der die enttäuschte Flucht aus der Wirklichkeit in den Ästhetizismus zum zentralen Aspekt des Dramas wird:

> Das unterscheidet sich von dem eben angeführten autobiographischen Ansatz nur darin, daß es auch die Enttäuschung berücksichtigt, welche die Begegnung mit der Wirklichkeit nach sich zieht. Diese Enttäuschung führt dann zu der Flucht aus der Wirklichkeit, die bei Andrea als impressionistischer Ästhetizismus erscheint, bei den Tizianschülern als Rückzug in ein Reservat der Kunst, [...] bei Claudio als Schauspielertum, das die menschlichen Bindungen nicht ernst nimmt [...]. Als Allegorie dieser Flucht darf die Hexe gelten, der der Kaiser verfällt. Dabei hat diese Allegorie gleichsam zwei Böden. Schon die reine Erotik, die nichts als Erotik ist, an den Augenblick gebunden [...], unhistorisch, weil sie keine Nachkommenschaft erzeugt, sah Hofmannsthal als Flucht, [...]. Die zweite allegorische Sicht kommt hinzu, indem Hofmannsthal an die Stelle der Geliebten des Kaisers, wie sie die Chroniken und die zahlreichen Bearbeitungen des Stoffes kennen, die Hexe setzt: eine imaginäre Gestalt, die durch ihren Irrealitätscharakter den allegorischen Sinn noch verdeutlicht.[225]

Während die Deutung der Hexe als personifizierte Erotik trotz ihres symbolischen Gehalts noch Raum für das Phantastische im beschriebenen Sinne lässt, bietet der biographische Ansatz, der die Hexe als Allegorie für die Flucht in den Ästhetizismus sieht, dazu kaum noch Möglichkeiten.

Das unbegreifliche, erschreckende Wesen kontrastiert als Allegorie keine mögliche Weltvorstellung, weil es nicht in diese Welt einbricht, sondern nur Träger von Ideen über diese Welt ist. In diesem Sinne wirkt der Irrealitätscharakter, wie Szondi anmerkt, nicht phantastisch, sondern die Allegorie verstärkend.

Was Todorov bezüglich Allegorie und Phantastik in epischen Texten benennt, erkennt Ludwig Tieck mit Blick auf das Drama:

> Daß die Allegorie diese täuschende Kraft nicht habe, bedarf wohl kaum einer Bemerkung. Man sieht den Directeur gleichsam mit der Hand unter seine nachahmenden Marionetten greifen; man sieht den dargestellten, moralischen oder philosophischen Satz für sich da stehen: und eben dadurch, daß nur allein dem Scharfsinn Beschäftigung gegeben wird, verliert sich das Spiel der Phantasie; [...].[226]

---

225 Peter Szondi: Das lyrische Drama des Fin de siècle. S. 310-311
226 Ludwig Tieck: Shakespeare's Behandlung des Wunderbaren. S. 6

4. Aspekte des Phantastischen im lyrischen Drama des Fin de siècle

Abbildung 7: Jean Delville – Das Idol der Verderbtheit

Aus wissenschaftlicher Sicht betrachtet enthält Hofmannsthals Drama „Der Kaiser und die Hexe" somit keine phantastischen Momente und wird von seinem symbolistischen Gehalt, zentriert in der Hexe als Allegorie, beherrscht.
Die relative aber notwendige Spekulation über die Reaktion des individuellen Rezipienten berücksichtigend, kann dieses Drama als potentiell phantastisch bezeichnet werden, denn die Betrachtung der Hexe als dermaßen stilisierte Allegorie des ästhetischen Lebens setzt eine Übertragungsleistung des Rezipienten voraus, die nur mit der Kenntnis von biographischen Daten des Autors sowie einiger zentraler Dramen und Texte seines Werkes möglich ist. Diese Kenntnis kann nicht grundsätzlich vorausgesetzt werden, so dass die Hexe potentiell als magisches Wesen, das in der eigenen Weltsicht nicht existieren kann, als Symbol der Erotik, das noch Raum für das ungute, ungewisse Gefühl lässt, oder als eindeutige Allegorie, weitab von jeder Verstörung, wirken kann.
Sollte der Rezipient schließlich doch die letzte Stufe der Übertragungsleistung durchführen, scheint diese Allegorie jedoch das Phantastische trotzdem nicht gänzlich auszuschließen, denn es ist eine Allegorie der Leidenschaften Leben, Kunst, Erotik, Schönheit, die in der angestrebten Allgemeingültigkeit eine möglicherweise beängstigende, unbekannte, dämonische Dimension des eigenen Lebens enthält (vgl. 5. S. 83-84).
Subjektiv betrachtet mag es passieren, dass der Rezipient bei Hofmannsthal empfindet, was Tieck schon bei Shakespeare feststellte:

> Statt der kalten Allegorien, in welchen eine abstrakte Idee als Person eingeführt wird, wie Tugenden oder Laster, personificirte er die höchsten Leidenschaften, den Seelenzustand, in welchem das Gemüth beunruhigt und die Phantasie auf einen hohen Grad erhitzt ist.[227]

4.3 Phantastisches auf der Bühne

Da sich, wie bereits erwähnt (vgl. 3.1., S. 23), einer der zentralsten Unterschiede zwischen epischen und dramatischen Texten in der Umsetzung des Dramas zum multimedialen Bühnenereignis findet, impliziert auch die Untersuchung von Aspekten des Phantastischen im Drama eine Betrachtung der theatralen Gestaltung des phantastischen Moments auf der Bühne. Aus diesem Grund wird nachfolgend die Umsetzung der phantastischen Strukturen in einer Inszenierung von Hugo von Hofmannsthals „Der Kaiser und die Hexe" exemplarisch beschrieben.
Grundlage dieser Untersuchung ist eine Aufführung des Schlosstheater Moers, an dem Rupert J. Seidl im Jahre 1989 die beiden Hofmannsthal-Stücke „Der Tor und der Tod" und „Der Kaiser und die Hexe" als Doppelabend unter dem Titel „Tor/Tod/Kaiser/Hexe" inszenierte.

---

227 Ebd. S. 35

4.3.1 Ein Beispiel: „Kaiser/Hexe"

> Unsere Arbeit an Hofmannsthals Stücken hat experimentellen Charakter. Es geht um den Tod, um die reale Existenz der Toten im alltäglichen Leben; um Hexen, Naturgottheiten, Geister der Wildnis geht es.[228]

Mit diesen Worten eröffnet Rupert J. Seidl das Programmheft zum Doppelabend „Tor/Tod/Kaiser/Hexe" und spricht dabei ohne Umschweife die zentralen Themen der beiden Dramen Hofmannsthals an: Der Tod und die Toten, ihre Existenz im Leben, Hexen, Gottheiten und Geister sind phantastische Momente, die experimentell auf die Bühne gebracht werden. Vor dem Kontext des bisher Dargestellten wird die direkte Frage Seidls in ihrer grundsätzlichen Problematik besonders offensichtlich, wodurch gleichzeitig die Notwendigkeit einer experimentellen Umsetzung des Phantastischen auf der Bühne angedeutet wird:

> Aber wie spielt man Überpersönliches, Außermenschliches?[229]

In Seidls Inszenierung wird der Butô-Tanz zum Ausdruck des Außermenschlichen. Diese aus Japan stammende, avantgardistische Tanzform thematisiert, durch Rückgriff auf archaische Ausdrucksmittel (z.B. Nacktheit, Grimassierung, Trance), Erinnerungen, Unbewusstes, Tod und Erotik. Yumiko Yoshioka, die gemeinsam mit Minako Seki die Auftritte der Hexe choreographierte, erklärt die enge Verbindung des Butô zum Phantastischen:

> Butoh ist ein genuin japanischer Versuch Wirklichkeit zu definieren, d.h. dem anachronistischen Mißverständnis entgegenzutreten, das Wirklichkeit gleich Gegenständlichkeit setzt. Danach wird Wirklichkeit auf die objektiv erfaßbare Welt reduziert.[230]

Die Hexe als doppeldeutige Allegorie und/oder phantastisches Wesen (vgl. 4.2.2.2., S. 73-74) gehört nicht zu dieser objektiv erfassbaren Welt und lässt sich nur schwer in die menschliche Wirklichkeit integrieren, so dass sie als einzige Figur des Dramas sowohl durch Sprache als auch durch Butô agiert. Durch ihre Außermenschlichkeit wird sie zum beherrschenden Moment des Stückes, was in dieser Inszenierung bereits zu Beginn durch eine Änderung der dramatischen Textvorlage deutlich wird. Während im dramatischen Text der Kaiser als erste Figur die Bühne betritt, sieht der Zuschauer hier zuerst die Hexe als befremdendes, nicht-kategorisierbares Wesen. Aus einem hell angestrahlten, rosafarbenen, seltsam deformiert wirkenden, `knubbeligen´ Objekt werden drei Gestalten sichtbar, die durch lange Tücher miteinander verbunden sind. Der erste Blick in ihre zu Grimassen verzogenen, fast lächerlich-albern und teilweise kindlich wirkenden Gesichter irritiert, befremdet und bestätigt die Beschreibung Yumiko Yoshiokas:

---

228 Schlosstheater Moers: Tor/Tod Kaiser/Hexe. S. 7
229 Ebd.
230 Ebd. S. 89

Mit [anderen] Tanzstilen verglichen sind die Ausdrucksformen des Butoh derartig deformiert und surrealistisch, daß sie grotesk oder sogar wahnsinnig erscheinen.[231] (vgl. Abb. 8, S.77)

Die eigenartige, fast nervenzerreibende Musik ist für die westliche Kultur befremdlich, unmelodisch und unterstreicht den irrealen Charakter dieser drei Gestalten, die vorerst durch die erwähnten Tuchbahnen zu einem unbekannten Wesen miteinander verbunden sind und sich schließlich von den Tüchern und somit ihrer sichtbaren Verbindung trennen.

Nun bewegen sich drei offensichtlich weibliche Wesen in ähnlicher Kleidung auf der Bühne, die durch ihre teilweise irr erscheinenden Grimassen grotesk und ihre ungewöhnlichen Bewegungen unmenschlich wirken. Durch die gemeinsamen Bewegungen, den gemeinsamen Tanz sind die drei Gestalten weiterhin unsichtbar miteinander verbunden, indem sie die schwer bis gar nicht deutbaren Bewegungen und Figuren gemeinsam als drei Teile eines Ganzen auszuführen scheinen. Einige Bewegungen wirken fremd und unbekannt, ohne eine Möglichkeit der Übertragung auf bekannte Bewegungsformen, andere scheinen tierischen Ursprungs zu sein und lassen eine Verbindung zur Natur vermuten, die auch durch die Kleidung assoziiert werden kann. Diese ruft zwar Assoziationen hervor, lässt sich aber nicht zuordnen: feminine Naturgottheit, Waldelfe, junge Frau mit zerrissenen Kleidern... .

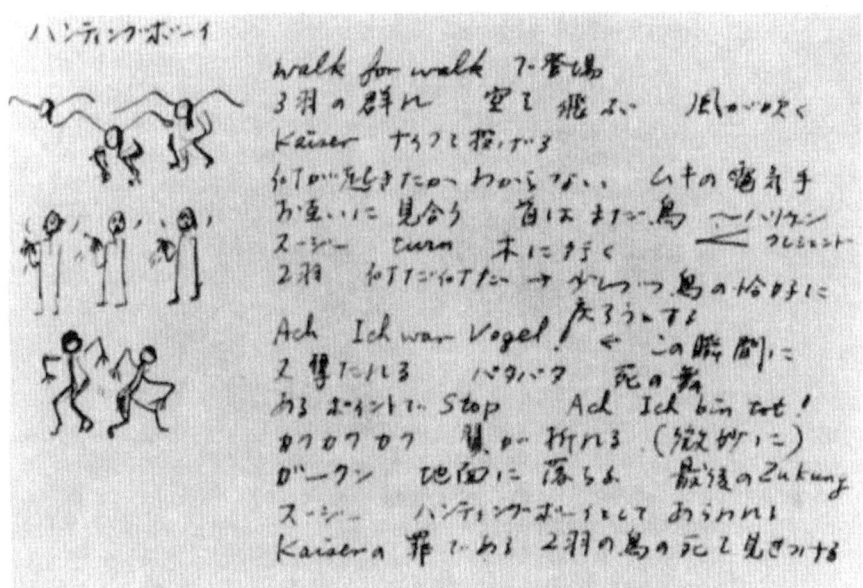

Abbildung 8: Aus dem Programmheft „Tor/Tod/Kaiser/Hexe"

---

231 Schlosstheater Moers: Tor/Tod/Kaiser/Hexe. S. 89

Der Spielort im Wald ist im dramatischen Text als *eine Lichtung inmitten der kaiserlichen Jagdwälder*[232] beschrieben: *Links eine Quelle. Rechts dichter Wald, ein Abhang, eine Höhle, deren Eingang Schlingpflanzen verhängen. Im Hintergrund das goldene Gitter des Fasanengeheges, dahinter ein Durchschlag, der hügelan führt.*[233]

Dieser Wald, den der Kaiser später noch verbal-implizit verdeutlicht, ist in dem ansonsten sehr kargen Bühnenbild dieser Inszenierung durch einen einzelnen, blätterlosen Baum umgesetzt, davor ein kleiner, mit Wasser gefüllter Teich/See, der in die Naturverbundenheit assoziierenden Bewegungen miteinbezogen wird.

Das Licht beleuchtet das sehr dunkle Bühnenbild während des 1. Auftritts des beschriebenen dreigestaltigen Wesens nicht vollständig, sondern wird auf die drei tanzenden Gestalten zentriert. Durch den Einsatz von grellem weißem sowie grünem und pinkem Licht wirkt die gesamte Tanzsequenz noch unwirklicher, krasser, aufdringlicher und fremder.

Schließlich scheinen die drei Gestalten seltsam erschrocken und verschwinden eilig, als der Kaiser von der Seite langsam auf die Bühne tritt. Während seines nun folgenden Monologs zeichnet sich eine erste Verbindung zu dem verschwundenen, verwirrenden Wesen ab:

> Der Kaiser: [...]
> Nein, ich bin das Wild, mich jagt es,
> Hunde sind in meinem Rücken,
> Ihre Zähne mir im Fleisch,
> Mir im Hirn sind ihre Zähne
> (Greift sich an den Kopf)
> Hier ist einer, innen einer,
> Unaufhörlich eine Wunde,
> Wund vom immer gleichen Bild
> Ihrer offnen weißen Arme...
> Und daneben, hart daneben,
> Das Gefühl von ihrem Lachen,
> Nicht der Klang, nur das Gefühl
> Wie ein lautlos warmes Rieseln...
> Blut?... Mein Blut ist voll von ihr!
> Alles: Hirn, Herz Augen Ohren!
> In der Luft, an allen Bäumen
> Klebt ihr Glanz, ich muß ihn atmen!
> [...][234]

Diese Verbindung wird durch den zweiten Auftritt der Hexe bestätigt. Im Gegensatz zur dramatischen Vorgabe Hofmannsthals, der die Hexe als *jung und schön, in einem durchsichtigen Gewand, mit offenem Haar*[235] beschreibt, wirkt der Auftritt der weiterhin dreigestaltigen Hexe in seiner Plötzlichkeit, unterstrichen durch die mysteriöse, befremdliche Musik sowie die seltsamen Bewegungen weniger

---

232 Hugo von Hofmannsthal: Der Kaiser und die Hexe. S. 256
233 Ebd.
234 Hugo von Hofmannsthal: Der Kaiser und die Hexe. S. 256-257
235 Ebd. S. 258

anmutig und weiblich, sondern eher machtvoll, stolz und noch immer ungewöhnlich fremd. Obwohl die drei Gestalten sich weiterhin auch durch Butô darstellen, wirken sie etwas menschlicher durch den zusätzlichen Gebrauch von verständlicher Sprache. Die immer deutlicher werdende Dreiteilung eines Wesens wirkt abstrakt, lässt jedoch das Wesen durch die dreifachen Ausdrucksmöglichkeiten sowohl sprachlich als auch tänzerisch ungewöhnlich vielschichtig erscheinen.
Von dieser Vielschichtigkeit wird der Kaiser sichtbar eingekreist, während die Hexe Stärke, Stolz und schließlich auch weibliche Anmut demonstriert.
Verbal an ihren erotischen Körper und die vielen schönen, gemeinsamen Stunden erinnernd, deuten die Bewegungen des Butô erkennbar ein Spiel der Erotik an, dem der unsicher gewordene, abhängig wirkende Kaiser im Augenkontakt mit dem verführerischen Wesen verzweifelt widerstehen will.
In diesem ersten Verführungsversuch wirkt die Hexe einerseits erotisch, menschlich und verführerisch, andererseits außermenschlich, übersinnlich und befremdlich, wobei ihre teilweise unnatürlich erscheinenden Bewegungen immer wieder ein unbekanntes Wesen vermuten lassen.
Die durchgehende Überlegenheit der Hexe wird besonders in den Pausen des Dialogs deutlich, in denen weiterlaufende Bewegungen oder verharrende Posen die verstörende Atmosphäre der Inszenierung verstärken und so die Spannung zwischen dem Kaiser als Mensch und der Hexe als unbekanntes Wesen immer weiter steigern. Diese Atmosphäre wird erneut durch den Einsatz von grünem und weißem Licht unterstützt, welches, hauptsächlich bei den Auftritten der Hexe eingesetzt, diese magischer und geheimnisvoller erscheinen lässt.
Der Eindruck von Magie und Außermenschlichkeit wird im zweiten Verführungsversuch der Hexe intensiviert. Während der dramatische Text die erklingende Stimme der nicht anwesenden Hexe *aus dem Gebüsch*[236] kommen lässt, ist ihre, durch Echo und Hall verzerrte, sehr laute Stimme in dieser Inszenierung auf der Bühne allgegenwärtig und lässt sich keiner bestimmten Richtung zuordnen. Dadurch erscheint sie übermenschlich, magisch, durch ihre Allgegenwärtigkeit fast göttlich.
Der Aspekt des Magisch-Märchenhaften wird im vierten Auftritt der Hexe durch ihre Verbindung zur Natur erweitert. In dieser Inszenierung nur verbal-implizit verdeutlicht, nähert sich dem Kaiser, der sich durch die Jagd von der *unbegreiflich sanft[en] und stark[en]*[237] Versuchung ablenken will, eine Taube:

> Der Kaiser: [...]
> Jagen! Jagd ist alles! Schleichen
> Auf den Zehen, mit dem Spieß
> Eigne Kraft in eines fremden
> Lebens Leib so wie der Blitz
> Hineinschleudern ... Eine Taube!
> Wie sie an den Zweigen hinstreift,
> Trunken wie ein Abendfalter,

---

236 Hugo von Hofmannsthal: Der Kaiser und die Hexe. S. 268
237 Ebd. S. 275

> Kreise zieht durch meinen Kopf!
> Wo der Spieß? Doch hier der Dolch!
> Hier und so!²³⁸

Nachdem der Kaiser andeutet, den Dolch nach der Taube zu werfen, erscheint, wieder begleitet von der mittlerweile für ihre Auftritte typischen, seltsamen Musik, die Hexe mit flügelartigen Bewegungen. Anscheinend vom Dolch des Kaisers getroffen, teilt sie ihm ihre Verletzung mit und der Kaiser erkennt den Zusammenhang zwischen Taube und Hexe. Diese phantastische Beziehung findet ihre Ausdrucksform erneut im Butô-Tanz, dessen Flügelbewegungen den Zusammenhang erkennen lassen und der somit die außermenschliche, unvorstellbare Seite der Hexe zeigt, während das nachvollziehbar Menschliche seinen Ausdruck in der verbalen Kommunikation findet.

Besonders deutlich wird die Verbundenheit der drei Gestalten zu einem Wesen im Wegtragen der Toten durch den armen Arbeiter, der lediglich einen der drei am Boden liegenden Frauenkörper von der Bühne trägt, während die anderen zwei lautlos, synchron, als wären sie unsichtbar miteinander verbunden, hinterher rollen. Dieser Auftritt der Hexe wird erneut von grünem und weißen Licht begleitet, wobei das abendliche Naturereignis, das den Kaiser vor dem Nachgeben rettet, nicht durch die Überflutung des Horizonts vom Abendrot (vgl. Zitat 215, S. 70), sondern durch plötzliches Ändern der Lichtverhältnisse in einen Dämmerungszustand, der das Verschwinden der Sonne verdeutlicht, umgesetzt wird. Der genaue Zustand wird daraufhin vom Kaiser erläutert:

> Der Kaiser: Tot! Was ist für diese Wesen
> Tot? Die Sonne ist nicht unten,
> Dunkel flammt sie scheint zu drohen.
> [...]²³⁹

So wie die Sonne noch nicht endgültig untergegangen ist und dunkel am Horizont droht, ist die Hexe noch nicht endgültig tot und ihr Versuch, sich selbst durch die Liebesbeziehung zum Kaiser zu retten, geht weiter, während der Kaiser gut gelaunt und befreit, im Waschen der Füße die reinigende und entspannende Kraft des Wassers gemeinsam mit seinem Diener genießt.

In den Moment der Freude über das zurück gewonnene verantwortungsbewusste Leben tritt die noch lebende Hexe als Kaiserin verkleidet, um auf diesem Weg die lebensnotwendige und ersehnte Berührung zu erlangen. Für den Zuschauer ist die Hexe in ihrer Dreigestaltigkeit auch unter dem Schleier zu erkennen, während der Kaiser, der mit dem Rücken zu ihr sitzt und sich nicht umwendet, vorerst an das Kommen seiner Frau glaubt. Umso größer ist sein Entsetzen, als er feststellt, dass dieses totgeglaubte Wesen noch lebt:

> Der Kaiser: (aufspringend)
> Hexe du und Teufelsbuhle,
> Stehst du immer wieder auf?²⁴⁰

---

238   Ebd.
239   Hugo von Hofmannsthal: Der Kaiser und die Hexe. S. 277
240   Ebd. S. 293

Während die ersten Worte des Kaisers unter seiner erstickten Stimme kaum zu hören sind, verweist seine resignierte Frage zur Unsterblichkeit auf die Unvergänglichkeit dieses Wesen oder vielleicht auch nur auf einen niederträchtigen menschlichen Betrug durch eine vorgetäuschte Verletzung. Die Inszenierungsanweisungen Hofmannsthals beschreiben diesen letzten Verführungsversuch sehr bewegungsreich. Dem aufspringenden Kaiser begegnet die ebenfalls stehende Hexe:

> Die Hexe: (indem sie sich halb wendet, wie ihn fortzuführen)
> Komm, Byzanz! Wir wollen diese
> Schäferspiele nun vergessen!
> [...]
> Der Kaiser: (lacht)
> Die Hexe: (mit ausgebreiteten Armen)
> Ich kann nicht leben
> Ohne dich![241]

Anders als im dramatischen Text wird in dieser Inszenierung die Dynamik zur Statik. Die sich langsam nahende Hexe setzt sich ohne ein Wort neben den Kaiser, der noch immer die Unterschenkel im Wasser hat. Der Kaiser springt nicht auf und die Hexe öffnet ihre Arme nicht, stattdessen bleiben beide während des gesamten letzten Dialogs fast starr an dieser Stelle sitzen, während sich ausschließlich ihre Gesichter und Oberkörper einander nähern und wieder entfernen. Das einzige eindeutig magische Verhalten der Hexe in Form der zu Qualm und Moder zerfallenden Lilie (vgl. Zitat 219, S. 71) wird nicht umgesetzt, ebenso wenig scheint die Hexe von unsichtbaren Fäusten geschüttelt zu werden. Stattdessen gleiten alle drei Gestalten nacheinander in das reinigende Wasser und finden zu seltsamen, synchronen Kriechbewegung in der Ausdrucksform des Butô auf der Bühne wieder zusammen, während der Kaiser am Bühnenrand, fast gänzlich im Dunkeln stehend, das Geschehen teilweise beobachtet, teilweise schockiert wegschaut, als ob er den Untergang des geliebt-gehassten Wesens nicht ertragen kann. Während die dreigestaltige Hexe in immer unkontrollierteren, zuckenden Bewegungen des Butô ihren Tod ausdrückt, ruft der Kaiser nach Tarquinius, der herbeieilend die unübersehbare Hexe nicht wahrnehmen kann. An dieser Stelle findet sich im dramatischen Text der wohl phantastischste Augenblick des gesamten Dramas, der gestützt auf den Bericht des Dieners Verstörung und Unsicherheit hervorruft:

> Tarquinius: (kommt wieder)
> Herr, die Wachen
> Schworen: niemand ging vorüber
> Als ein runzlig altes Weib,
> [...]
> Der Kaiser: (ihn anfassend, mit einem ungeheuren Blick)
> Tarquinius!
> (zieht ihn an sich, überlegt, schweigt eine Weile, winkt ihm wegzutreten, kniet nieder)
> Herr, der unberührten Seelen

---

241 Hugo von Hofmannsthal: Der Kaiser und die Hexe. S. 293-294

> Schönes Erbe ist ein Leben,
> Eines auch ist den Verirrten,
> Denen eines, Herr, gegeben,
> Die dem Teufel sich entwanden
> Und den Weg nach Hause fanden.
> (Während seines Gebetes ist der Vorhang langsam gefallen)[242]

Der Bericht des Tarquinius über die alte runzlige Frau wird in dieser Inszenierung ausgelassen und damit auch sein phantastischer Aspekt. Stattdessen ruft der Kaiser nach einem letzten Verzweiflungsschrei den Kämmerer, befiehlt ihm zu schreiben und diktiert ihm, ohne niederzuknien, im Stehen und ohne Niederfallen des Vorhangs, das Gebet, während die Hexe auf der Bühne zwar mit eindeutigen Gesten des Erwürgens und Zuckens Assoziationen an die Situation des Sterbens hervorruft, aber nicht zusammenbricht, sondern am Ende des Stückes regungslos in ihrer Dreigestaltigkeit auf der Bühne steht.

Die mit dem Auftritt der Hexe unweigerlich verbundene Musik, die schrill, kraftvoll, fremd und immer wieder überraschend den Tanz begleitet, ist auch am Ende mit der Hexe gegenwärtig und vermischt sich mit dem Gebet des Kaisers, wobei sie immer melancholischer und zeitweise fast melodisch klingt.

Durch die Auslassung der beiden offensichtlich magisch-märchenhaften Aspekte des Dramas und die zentrale Position des Butô wird das Phantastische vom Mystischen entfernt und dem Seelenhaften noch näher gebracht. Das Phantastische wird in den Menschen gelegt, in seine seelische und körperliche Vielschichtigkeit. Yumiko Yoshioka:

> Ich glaube, Tanz ist eine der Möglichkeiten, unsere verborgene und potentielle Kraft, die Wunder und Mysterien unseres Körpers und unbewußte seelische Anteile zum Vorschein zu bringen.[243]

In diesem Sinne weicht die magisch-märchenhafte Detailfülle auf der Bühne des Schlosstheaters einem kargen Bühnenbild, das die Nähe zur Natur weniger betont und symbolischen Raum lässt für die Nähe zur befremdlichen Vielschichtigkeit der Seele, deren dämonische Ausprägung in der magischen Figur der Hexe personifiziert ist.

Die Aspekte des Phantastischen finden sich auch hier als eine Allegorie der tiefen Leidenschaften (vgl. Zitat 227, S. 75), die auf experimentelle Art versucht, das unbegreifliche Außermenschliche, das Fremde, die unbekannten Bereiche der menschlichen Seele, das verstörende Phantastische in den Bewegungsformen des Butô-Tanzes auszudrücken:

> Metamorphose ist ein Schlüsselbegriff im Butoh. Wenn wir unseren Körper und unsere Seele öffnen, werden wir erfahren, daß sie nicht nur uns gehören, sondern ein Erbe des Kosmos und immer noch ein Teil davon sind.[244]

---

242 Ebd. S.296
243 Schlosstheater Moers: Tor/Tod/Kaiser/Hexe. S. 89
244 Ebd.

5 Fazit und Ausblick

Die angesprochenen Aspekte des Phantastischen im lyrischen Drama des Fin de siècle zeigen den Facettenreichtum in der vielfältigen Darstellung und Umsetzung von phantastischen Momenten im Drama. Gleichzeitig verdeutlicht diese Vielfältigkeit das große Wagnis, das durch einen voreiligen Kategorisierungsversuch entsteht. Aus diesem Grund erscheint es kaum sinnvoll, auf der Grundlage dieser Arbeit, die sich noch immer als Modul versteht, übergreifende Rückschlüsse auf das weite Feld des Phantastischen im lyrischen Drama des Fin de siècle, geschweige denn des Phantastischen im Drama allgemein zu ziehen, denn was auf die Dramen Hofmannsthals und Maeterlincks zutreffen mag, findet sich in ganz anderer Umsetzung bei z.B. Yeats oder Rilke, und wiederum grundverschieden sind vermutlich die Formen des Phantastischen im modernen Drama des 20. Jahrhunderts – dies sind nur einige Themen, die es zu erforschen gilt.

Deshalb sind die folgenden Aspekte als zusammenfassende Anmerkungen zu sehen, die sich als einen Teil eines noch zu untersuchenden und grenzenlosen Gesamtbildes des Phantastischen im Drama verstehen. Eben dieses 'Phantastische im Drama' sollte als eigenständiger wissenschaftlicher Bereich betrachtet werden, denn der Diskurs über das Phantastische in der Erzählliteratur kann, aufgrund der begründeten Unterschiedlichkeit der beiden Literaturformen, lediglich ein hilfreicher Ausgangspunkt sein.

Die Aspekte des Phantastischen in den untersuchten Stücken von Maeterlinck und Hofmannsthal zeigen deutlich, dass der von Penning mit Blick auf die Phantastik so negativ genutzte Begriff des ideellen Nexus' des Dramas (vgl. Zitat 64, S. 19-20) kein Hindernis für die vorhandenen phantastischen Momente des Dramas sein muss. Das ergänzende Nebeneinander und Miteinander von Allegorie, Symbolik und Phantastischem, das laut Tieck (vgl. Zitat 226, S. 71-72) und Todorov (vgl. 2.1.1., S. 9) im epischen Text unmöglich ist, wird im lyrischen Drama des Fin de siècle bei Hofmannsthal und Maeterlinck als phantastische Möglichkeit umgesetzt.

Doch warum ist das lyrische Drama trotz seiner Symbolik in der Lage, Verstörung hervorzurufen? – Dazu einige Gedanken:

Das lyrische Drama des Fin de siècle will dem Zuschauer eine allgemeingültige Welt symbolisch darstellen. Durch eben diese Allgemeingültigkeit wirkt das Phantastische, denn sobald der Zuschauer diese in eigener Übertragungsleistung anerkennt und als Verallgemeinerung seines eigenen Lebens akzeptiert, kann das Phantastische in die subjektive Vorstellung von Realität wirken und Verstörung hervorrufen. Das Phantastische spielt sich nicht nur als ein Moment auf der Bühne, sondern während der Übertragungsleistung hauptsächlich im Denken, in der Phantasie des Rezipienten ab, der an die Grenzen seiner Vorstellungskraft geführt wird.

So ist Maeterlinck durch seine Symbolik schockierend und enthält phantastische Strukturen, weil es sein Ziel ist, auf die unvorstellbaren Sphären des Universums und die uneinsichtigen, unbegreiflichen Schattenseiten des Lebens aufmerksam zu machen, sie darzustellen, womit sein Grundthema bereits phantastischer Natur ist. Hofmannsthal wiederum bedient sich der phantastischen Strukturen, um die Problematik des Ästhetizismus zu thematisieren. Das Phantastische und seine Wirkung sind eher sekundär, treten hinter das Symbolische zurück und wirken dadurch zwar verstörend, aber weniger schockierend und unbegreiflich als in den Werken Maeterlincks. Die phantastische Darstellung ist jedoch auch bei Hofmannsthal hinter der herausragenden ideellen Darstellung vorhanden und unterstützt sie.

Die Bedeutung der Symbolik ist in diesem Fall größer als der Wunsch, primär zu schockieren, so dass das Phantastische hinter die Symbolik von teilweise allegorisierten Figuren tritt. Im Gegensatz zur 'Epischen Phantastik' wirkt das Phantastische in den untersuchten lyrischen Dramen des Fin de siècle nicht direkt über personale oder ereignishafte Strukturen, denn diese sind aufgrund der Offensichtlichkeit ihres symbolischen Gehalts letztlich nicht tief erschütternd, sondern wirken erst durch ihre Zugehörigkeit zu einem symbolischen Gesamtwerk, das eine allgemeingültige Welt darstellen will. Akzeptiert der Rezipient die Allgemeingültigkeit der dargestellten Welt und überträgt diese somit auch auf seine eigene Lebenswirklichkeit, wird ihm bewusst, dass die dargestellten verstörenden, nicht erklärbaren Momente auch Teil seines Lebens sind.

Das Phantastische wirkt nicht durch das Hervorrufen von existentieller Angst in der Identifikation mit Figuren, die von nicht erklärbaren Phänomenen bedroht werden, denn diese Identifikation ist mit den allegorisierten Figuren Maeterlincks und Hofmannsthals unmöglich, da sie keine charakterliche Darstellung bieten, sondern ausschließlich als Träger von Ideen und Empfindungen fungieren. Das Phantastische wirkt in der Symbolik, als Teil von ihr, der letztendlich verdeutlicht, dass es zwischen der oberflächlich sichtbaren Welt und dem Menschen unendlich viel mehr gibt, was das Schicksal des Einzelnen im universellen Zusammenhang unausweichlich bestimmt und was für den Verstand des Menschen immer uneinsichtig und unbegreiflich sein wird.

Natürlich implizieren auch Überlegungen zur Allgemeingültigkeit eines symbolistischen Dramas einen Realitätsbegriff, so dass diese Gedanken eine Möglichkeit offenbaren, aber keine festgelegte Funktion.

Überhaupt scheint der Begriff der Möglichkeiten zentral in der Auseinandersetzung mit Aspekten des Phantastischen im Drama zu sein. Einerseits mit Bezug auf die bereits ausführlich erläuterte Problematik des Realitätsbegriffes, andererseits mit Blick auf die weitere Beschäftigung mit dem Thema, das sowohl zeitlich als auch inhaltlich vorerst endlos ergänzbar scheint, denn inhaltlich mehr als untersuchungswürdige Strukturen des Phantastischen im Drama gibt es zeitlich sowohl vor als auch nach dem Phänomen des lyrischen Dramas des Fin de siècle.

Dass dieses durch sein neues Verständnis von Bühne (symbolischer Raum), Zuschauer (eigene Übertragungsleistung), Regie (kreative Selbstständigkeit) und Technik (symbolische und akustische Codes) eine große Bedeutung für die Entwicklung des modernen Dramas hat, ist unumstritten. Die Vermutung, dass es für die Entwicklung der phantastischen Strukturen im Drama auch eine Bedeutung besitzt oder eine Veränderung markiert, liegt nahe, da sich das lyrische Drama des Fin de siècle durch seine klare Absage an den Naturalismus auch gegen eine Verdrängung des Phantastischen von der Bühne wendet und durch seinen Drang, unbekannte, übermenschliche und metaphysische Sphären auszudrücken, das Phantastische impliziert sowie, aufgrund seiner neuen kreativen Möglichkeiten, den notwendigen experimentellen Rahmen für eine Umsetzung des phantastischen Moments bietet. Dies bleibt jedoch vorerst eine Vermutung, deren Beweis eine Untersuchung der phantastischen Aspekte in den vorhergehenden und nachfolgenden Zeiträumen sowie anderen dramatischen Formen voraussetzt.

Dabei impliziert jede Untersuchung des Phantastischen im Drama, gleichgültig welchen Zeitraumes, die Betrachtung der theatralen Umsetzung des dramatischen Textes. Diese Notwendigkeit wird in der exemplarischen Darstellung der phantastischen Aspekte in Rupert J. Seidls „Kaiser/Hexe"-Inszenierung deutlich, die den Facettenreichtum der Möglichkeiten andeutet, birgt jedoch einige Problematiken in sich.

So kann die Untersuchung ganzer Inszenierungsgeschichten je nach Werk und Entstehungszeit extrem schwierig werden, denn als unwiederbringlicher Moment können Inszenierungen, die vor der Existenz von Aufzeichnungsmöglichkeiten stattfanden, höchstens noch durch selten vorhandene Beschreibungen mangelhaft untersucht werden. Zusätzlich scheint auch die Aufzeichnung von Inszenierungen gerade für die Untersuchung von phantastischen Strukturen brauchbar, aber nicht ideal, denn die (als Empfindung einmal mehr subjektive) Atmosphäre des Theaterraums spielt hier verständlicherweise eine besonders große Rolle.

Ideal erscheint also die Untersuchung von aktuellen Inszenierungen, die interessante Möglichkeiten zur Problematik des Realitätsbegriffes bereit stellen, denn im Gegensatz zum veröffentlichten Buch verfügt eine Theateraufführung in der Regel über ein begrenztes Publikum, dessen subjektive Empfindungen erfassbar werden. Doch auch hier sind die übermäßigen Einschränkungen ersichtlich: Wie kann eine solche, extrem aufwendige Untersuchung umgesetzt werden? Wie untersucht man das Gefühl von etwas Unfassbarem und welcher Zuschauer ist bereit, sich nach der Aufführung ehrlich über seine Existenzängste zu unterhalten?

Trotz aller Schwierigkeiten gehört die Betrachtung der theatralischen Umsetzung im Rahmen der Möglichkeiten unweigerlich zu einer Untersuchung von Aspekten des Phantastischen im zur Aufführung bestimmten Drama dazu und erweitert die Umschreibungen des Phantastischen, wodurch dessen Untersuchung im Drama niemals abgeschlossen sein wird, da jede neue Inszenierung in der Aufführungsgeschichte eines Stückes neue Umsetzungsmöglichkeiten der phantastischen Strukturen bereithält.

Das kommentierende Be- und Umschreiben des dramatischen Textes sowie seiner theatralen Umsetzungen, ohne Auslassung von nicht kategorisierbaren Aspekten, sollte aus den genannten Gründen weiterhin die zentrale Vorgehensweise sein, um durch weitere Module ein genaueres Bild von dem Phänomen des Phantastischen im Drama und auf der Bühne zu erhalten und sich dem Wesen des Phantastischen anzunähern.

Dieses Phantastische ist im lyrischen Drama des Fin de siècle ein sekundäres Moment, das als Teil des symbolistischen Stückcharakters leicht übersehen wird. Doch solange die Möglichkeit des Schreckens, des Erschauderns aufgrund eines auf der Bühne anwesenden Todes existiert, solange der Rezipient seine Phantasie nutzt und seinen Verstand bemüht, um seltsam tot wirkende Gestalten im Garten, unerklärliche Reaktionen von Tieren und Natur, magische wirkende Frauen mit der verräterischen Bezeichnung Hexe oder beängstigende Erzählungen über brutale Herrscherinnen zu erklären, solange der Rezipient erst dann beruhigt ist, wenn er eine in sein Weltbild integrierbare Lösung gefunden hat oder die unbegreiflichen Ereignisse ohne Erklärung einer allegorischen, ideellen Aussage zuordnen kann, solange also ein unbegreifliches Moment im Drama ein beängstigendes, erschreckendes oder einfach nur ungutes Gefühl, gefolgt von dem unruhigen Drang die eigene Vorstellungswelt nach einer möglichen Erklärung zu durchsuchen, hervorruft, gibt es, egal ob die Erklärungssuche im Allegorischen, in der Ungewissheit, der natürlichen Erklärung, dem Wunderbaren, der unglaublichen Begegnung mit Tod und Jenseits, etc. endet, das Phantastische im Drama. Dieses beängstigende, erschreckende, ungute Gefühl erreicht das phantastische Moment durch die Verbindung von so tiefen menschlichen Leidenschaften wie Tod, Liebe, Erotik, die auch in dieser Untersuchung deutlich werden, mit einer dunklen, verschleierten, unvorstellbaren Welt:

> [...] nur in dem Dunkel, womit der Dichter hier seine wunderbare Welt umhüllt, liegt das Furchtbare, und indem er es mit den höchsten Ausbrüchen der Leidenschaft in Verbindung bringt, erregt er das Erschütternde.[245]

---

245 Ludwig Tieck: Shakespeare's Behandlung des Wunderbaren. S. 30

6 Nachwort

Das Phantastische ist eine individuelle Möglichkeit, deren Bestimmung, aufgrund ihrer Abhängigkeit vom Einzelnen, niemals wissenschaftlich eindeutig sein kann. Als das eindringende Unbekannte wird das phantastische Moment zum persönlichen Erlebnis, indem es in den eigenen Gedanken, in der subjektiven Weltvorstellung als Undenkbares, Unbegreifliches, Unvorstellbares einbricht, Verstörung, Schrecken oder Angst hervorruft und die anerkannte Weltsicht in Frage stellt. Dabei lässt sich das Phantastische weder auf eine Form noch auf einen Ort festlegen und existiert in allen Lebensbereichen, in allen Bereichen der Kunst und auch im Drama.

Diese Arbeit zeigt die Unmöglichkeit, das Phantastische im Drama unter den Begriff der 'Phantastischen Literatur' zu subsumieren, und verdeutlicht in der Betrachtung der vier exemplarischen Dramen bereits die facettenreiche Wandelbarkeit und die unendlichen Aspekte des Phantastischen im dramatischen Text und auf der Bühne.

Dabei reichen die bisherigen Erkenntnisse noch lange nicht aus, um ein Verständnis, einen vagen Grundkonsens, wie er mittlerweile für die epischen Literaturformen existiert, für einen dramatischen Phantastikbegriff zu bilden. Ein solcher Grundkonsens kann nur durch weitere Untersuchungen aus allen Zeiträumen und allen Bereichen des Dramas entstehen, die sich als Module zu einem unendlich erweiterbaren Gesamtbild zusammensetzten und versuchen, sich dem unebenen Gebiet des Phantastischen beschreibend anzupassen, ohne zwischen den unterschiedlichen, nicht zu vereinbarenden Ebenen zu entscheiden, denn wer kann in der Subjektivität von Weltvorstellungen und der Gewissheit, dass der Mensch niemals das Leben in seiner letzten Abhängigkeit begreifen wird, schon entscheiden, welche Perspektive die richtige ist?

Deswegen bleibt am Ende dieser Arbeit noch einmal der Anschluss an den Appell von Christian W. Thomson und Jens Malte Fischer:

> Denn was wir allerdings liefern möchten, sind Anstöße zur weiteren Beschäftigung mit der Phantastik in Theorie und Praxis.[246]

---

246 Christian W. Thomson/Jens Malte Fischer: Phantastik in Kunst und Literatur. S. 7

7 Anhang

7.1 Primärliteratur

Dorst, Tankred: Merlin oder Das wüste Land. Mit einem Nachwort von Peter von Becker. Werkausgabe 2. Frankfurt am Main: Suhrkamp 1985.

Hofmannsthal, Hugo von: Der Tor und der Tod. In: ders. Gesammelte Werke in Einzelausgabe. Gedichte und Lyrische Dramen. Stockholm: S. Fischer 1970. S. 199-220.

Hofmannsthal, Hugo von: Der Kaiser und die Hexe. In: ders. Gesammelte Werke in Einzelausgabe. Gedichte und Lyrische Dramen. Stockholm: S. Fischer 1970. S. 256-296.

Kane, Sarah: Cleansed. London: Methuen 2000 (= Methuen Modern Plays).

Maeterlinck, Maurice: La mort de Tintagiles. In: ders. Théâtre II. Brüssel: Lacomblez 1908. S. 201-244.

Maeterlinck, Maurice: L'Intruse. In: ders. Théâtre I. Brüssel: Lacomblez 1908. S. 199-245.

Poe, Edgar Allan: The black cat. In: Tales of Mystery and Imagination. Edited by Ernest Rhys. Introduction by Pádraic Colum. Reprinted. London: J.M. Dent & Sons LTD./ New York: E.P. Dutton & Co. Inc. 1941. S. 518-527.

Strauß, Botho: Die Hypochonder. In: ders. Die Hypochonder. Bekannte Gesichter, gemischte Gefühle. Zwei Theaterstücke. 3. Auflage. München: Deutscher Taschenbuch Verlag 1996. S. 7-75.

Wedekind, Frank: Frühlingserwachen. Eine Kindertragödie. Mit einem Nachwort von Georg Hensel. Stuttgart: Reclam 1992.

7.2 Sekundärliteratur

Alwast, Jendris: Die Spannung von Welt und Mensch in den Lyrischen Dramen Hugo von Hofmannsthals. Frankfurt am Main: Haag+Herchen 1976.

Anâm, Mohammed: Hugo von Hofmannsthal und Maurice Maeterlinck. Zur Darstellung und Rezeption der Maeterlinckschen Todesauffassung und Theaterästhetik bei Hugo von Hofmannsthal. Freiburg (Breisgau): HochschulVerlag 1995 (= HochschulSammlung Philosophie/ Literaturwissenschaft; Bd. 15).

Bayerdörfer, Hans-Peter: Eindringlinge, Marionetten, Automaten. Symbolistische Dramatik und die Anfänge des modernen Theaters. In: Jahrbuch der deutschen Schillergesellschaft 20. (1976). S. 504-538.

7. Bibliographie

Becher, Martin Roda: An den Grenzen des Staunens. Aufsätze zur Phantastik. Frankfurt am Main: Suhrkamp 1983 (= suhrkamp taschenbuch 915/Phantastische Bibliothek; Bd. 99).

Berg, Stephan: Schlimme Zeiten, böse Räume. Zeit- und Raumstrukturen in der phantastischen Literatur des 20. Jahrhunderts. Stuttgart: Metzler 1991.

Bernlef, J. [Pseud.]: Gespräch mit Julio Cortazar. In: Phaicon 1. Almanach der phantastischen Literatur. Herausgegeben von Rein A. Zondergeld. Mit Illustrationen von Dieter Asmus, Jörg Krichbaum, Friedrich Meckseper, Reiner Schwarz. Frankfurt am Main: Insel 1974 [= insel taschenbuch; Bd. 69]. S. 150-159.

Caillois, Roger: Das Bild des Phantastischen. Vom Märchen bis zur Science Fiction. In: Phaicon 1. Almanach der phantastischen Literatur. Herausgegeben von Rein A. Zondergeld. Mit Illustrationen von Dieter Asmus, Jörg Krichbaum, Friedrich Meckseper, Reiner Schwarz. Frankfurt am Main: Insel 1974 [= insel taschenbuch; Bd. 69]. S. 44-82.

Delius, Annette: Intimes Theater. Untersuchungen zu Programmatik und Dramaturgie einer bevorzugten Theaterform der Jahrhundertwende. Kronberg/Ts.: Scriptor 1976 (= Hochschulschriften/ Literaturwissenschaft; Bd. 19).

Duden 5. Das Fremdwörterbuch. 6., auf der Grundlage der amtlichen Neuregelung der deutschen Rechtschreibung überarbeitete und erweiterte Auflage. Herausgegeben und bearbeitet vom Wissenschaftlichen Rat der Dudenreaktion. Mannheim, Wien, Zürich: Dudenverlag 1997.

Durst, Uwe: Theorie der phantastischen Literatur. Tübingen, Basel: Francke 2001.

Fischer, Jens-Malte: Deutschsprachige Phantastik zwischen Dècadence und Faschismus. In: Phaicon 3. Almanach der phantastischen Literatur. Herausgegeben von Rein A. Zondergeld. Frankfurt am Main: Suhrkamp 1978 [= suhrkamp taschenbuch 443/ Phantastische Bibliothek; Bd. 17]. S. 93-130.

Freud, Sigmund: Das Unheimliche. Aufsätze zur Literatur. Frankfurt am Main: Fischer 1963 (= Fischer Doppelpunkt; Bd. 4).

Freund, Winfried: Einführung in die phantastische Literatur. In: Arbeitstexte für den Unterricht. Phantastische Geschichten. Für die Sekundarstufe herausgegeben von Winfried Freund. Bibliographisch ergänzte Ausgabe. Stuttgart: Reclam 1994. S. 75-89.

Freund, Winfried: Von der Aggression zur Angst. Zur Entwicklung der phantastischen Novellistik in Deutschland. In: Phaicon 3. Almanach der phantastischen Literatur. Herausgegeben von Rein A. Zondergeld. Frankfurt am Main: Suhrkamp 1978. [= suhrkamp taschenbuch 443 / Phantastische Bibliothek; Bd. 17]. S. 9-31.

Gottsched, Johann Christoph: Versuch einer Critischen Dichtkunst. 5., unveränderte Auflage. Darmstadt: Wissenschaftliche Buchgesellschaft 1962.

Gustafsson, Lars: Über das Phantastische in der Literatur. Ein Orientierungsversuch. In: ders. Utopien. Essays. Aus dem Schwedischen Von Hanns Groessel u.a.. München: Hanser 1970 (= Reihe Hauser, Bd. 53). S. 9-25.

Hennlein, Elmar: Erotik in der phantastischen Literatur. Essen: Verlag Die Blaue Eule 1985 (= Germanistik in der Blauen Eule; Bd. 3).

Jacobs, Monty: Maeterlinck. Eine kritische Studie zur Einführung in seine Werke. Leipzig: Diederichs 1901.

Kesting, Marianne: Maeterlincks Revolutionierung der Dramaturgie. In: Akzente 10 (1963). S.527-543.

Lessing, Gotthold Ephraim: Hamburgische Dramaturgie. Herausgegeben und kommentiert von Klaus L. Berghahn. Bibliographisch ergänzte Ausgabe. Stuttgart: Reclam 1999.

Maeterlinck, Maurice: Der Schatz der Armen. In die deutsche Sprache übertragen durch Friedrich von Oppeln-Bronikowski. Autorisierte Ausgabe. Florenz, Leipzig: Diederichs 1892.

Meyer-Benfey, Heinrich: Das Maeterlinck-Buch. Dresden: Reißner 1923 (= Bücherreihe: Schöpferische Mystik).

Penning, Dieter: Die Ordnung der Unordnung. Eine Bilanz zur Theorie der Phantastik. In: Phantastik in Kunst und Literatur. Herausgegeben von Christian W. Thomsen und Jens Malte Fischer. Darmstadt: Wissenschaftliche Buchgesellschaft 1980. S. 34-51.

Pfister, Manfred: Das Drama. Theorie und Analyse. 9. Auflage, erweiterter und bibliographisch aktualisierter Nachdruck der durchgesehenen und ergänzten Auflage 1988. München: Fink 1997 (= UTB für Wissenschaft / Uni Taschenbücher; Bd. 580).

Phaicon 1. Almanach der phantastischen Literatur. Herausgegeben von Rein A. Zondergeld. Mit Illustrationen von Dieter Asmus, Jörg Krichbaum, Friedrich Meckseper, Reiner Schwarz. Frankfurt am Main: Insel 1974 [= insel taschenbuch; Bd. 69].

Phaicon 2. Almanach der phantastischen Literatur. Herausgegeben von Rein A. Zondergeld. Frankfurt am Main: Insel 1975 [insel taschenbuch; Bd. 154].

Phaicon 3. Almanach der phantastischen Literatur. Herausgegeben von Rein A. Zondergeld. Frankfurt am Main: Suhrkamp 1978 [= suhrkamp taschenbuch 443 / Phantastische Bibliothek; Bd. 17].

Phantastik in Literatur und Kunst. Herausgegeben von Christian W. Thomsen u. Jens Malte Fischer. Darmstadt: Wissenschaftliche Buchgesellschaft 1980.

Schels, Evelyn: Die Tradition des lyrischen Dramas von Musset bis Hofmannsthal. Frankfurt am Main, Bern, New York, Paris: Lang 1990 (= Europäische Hochschulschriften/ Reihe 1: Deutsche Sprache und Literatur; Bd. 1100).

Schmitz-Emans, Monika: Phantastische Literatur: Ein denkwürdiger Problemfall. In: Neohelicon XXII. Heft 2 (1995). S. 53-116.

Stockinger, Ludwig: „Wunderliche Fantasie". Voraussetzungen und Möglichkeiten `Literarischer Fantastik´ in der deutschen Literatur des 18. Jahrhunderts. In: Die magische Schreibmaschine. Aufsätze zur Tradition des Phantastischen in der Literatur. Herausgegeben von Elmar Schenkel, Wolfgang F. Schwarz, Ludwig Stockinger, Alfonso de Toro. Frankfurt am Main: Vervuert 1998 (= Leipziger Schriften zur Kultur-, Literatur-, Sprach- und Übersetzungswissenschaft; Bd. 8). S. 103-137.

Szondi, Peter: Das lyrische Drama des Fin de siècle. Studienausgabe der Vorlesungen. Band 4. Aus dem Nachlaß von Peter Szondi. Herausgegeben von Jean Bollack mit Henriette Beese u.a. 2.Auflage. Frankfurt am Main: Suhrkamp 1991 (= Suhrkamp Taschenbuch Wissenschaft 90).

Szondi, Peter: Theorie des modernen Dramas (1880-1950). Frankfurt am Main: Suhrkamp 1963 (= edition suhrkamp 27).

Tieck, Ludwig: Shakespeare´s Behandlung des Wunderbaren. In: Ludwig Tieck. Ausgewählte kritische Schriften. Mit einer Einleitung herausgegeben von Ernst Ribbat. Tübingen: Niemeyer 1975 (= Deutsche Texte. Herausgegeben von Gotthart Wunberg; Bd. 34). S. 1-38.

Thomsen, Christian W./ Fischer, Jens Malte (Hg.): Phantastik in Kunst und Literatur. Darmstadt: Wissenschaftliche Buchgesellschaft 1980.

Todorov, Tzvetan: Einführung in die fantastische Literatur. Aus dem Französischen übersetzt von Karin Kersten, Senta Metz und Caroline Neubaur. München: Hanser 1972 [= Literatur als Kunst. Eine Schriftenreihe herausgegeben von Walter Höllerer].

Tor/Tod/Kaiser/Hexe. Programmheft. Schlosstheater Moers. Intendanz: Pia Bierey. Redaktion: Thomas Eifler, Dirk Olaf Hanke. Spielzeit 88/89, Heft 3.

Vax, Louis: Die Phantastik. In: Phaicon 1. Almanach der phantastischen Literatur. Herausgegeben von Rein A. Zondergeld. Mit Illustrationen von Dieter Asmus, Jörg Krichbaum, Friedrich Meckseper, Reiner Schwarz. Frankfurt am Main: Insel 1974 [= insel taschenbuch; Bd. 69]. S.11-43.

Wachler, Dietrich: Die Wirklichkeit des Phantoms. Aufsätze und Rezensionen zur phantastischen Literatur. Münster: LIT 1997 (=Germanistik; Bd. 11).

Weil, Claudius/Seeßlen, Georg: Kino des Phantastischen. Geschichte und Mythologie des Horrorfilms. Reinbek bei Hamburg: Rowohlt 1980 (= rororo-Sachbuch 7304/ Grundlagen des populären Films; Bd. 2).

Wünsch, Marianne: Die fantastische Literatur der frühen Moderne (1890–1930). Definitionen-Denkgeschichtlicher Kontext-Strukturen. 2., unveränderte Auflage. München: Fink 1998.

Zgorzelski, Andrzej: Zum Verständnis phantastischer Literatur. In: Phaicon 2. Almanach der phantastischen Literatur. Herausgegeben von Rein A. Zondergeld. Frankfurt am Main: Insel 1975. [insel taschenbuch; Bd. 154]. S. 54-63.

Zondergeld, Rein A.: Wege nach Sais. In: Phaicon 2. Almanach der phantastischen Literatur. Herausgegeben von Rein A. Zondergeld. Frankfurt am Main: Insel 1975 [insel taschenbuch; Bd. 154]. S. 84-91.

7.3 Bildnachweis

Titelbild: Johann Heinrich Füssli – Nachtmahr, 1790/1791, Öl auf Leinwand, 75,5x64cm, Freies Deutsches Hochstift, Frankfurter Goethemuseum, Frankfurt am Main.

Abbildung 1: René Magritte - Das Prinzip der Unsicherheit, 1944, Öl auf Leinwand, 65x51cm, Privatsammlung Brüssel.

Abbildung 2: Odilon Redon – Der Zyklop, 1895-1900, Rijksmuseum Kröller-Müller, Otterlo.

Abbildung 3: René Magritte - Das verzauberte Reich/ Le domaine enchanté, Wandbild ausgeführt nach acht Gemälden Magrittes, ca. 5x72cm, Knokke-le Zoute, Casino communal, Salle du Lustre.

Abbildung 4: Albert Pinkham Ryder – The Race Track or Death on a Pale Horse (Die Rennbahn oder Der Tod auf weißem Pferd), um 1895, Öl auf Leinwand. 72x89,5cm, The Cleveland Museum of Art, J.H. Wade Collection, Cleveland/Ohio.

Abbildung 5: Carlos Schwabe – Tod und Totengräber, um 1895/1900, Louvre, Paris.

Abbildung 6: Arnold Böcklin – Selbstbildnis mit fidelndem Tod, 1872, Nationalgalerie Staatliche Museen Preußischer Kultursitz Berlin (West).

Abbildung 7: Jean Delville – Das Idol der Verderbtheit, 1891, Galleria del Levante Mailand.

Abbildung 8: Schlosstheater Moers: Programmheft Tor/Tod/Kaiser/Hexe. Spielzeit 88/89, Heft 3. S. 88.

www.ingramcontent.com/pod-product-compliance
Lightning Source LLC
Chambersburg PA
CBHW031222230426

43667CB00009BA/1446